# Écrire pour la jeunesse

Groupe Eyrolles
61, bd Saint-Germain
75240 Paris cedex 05

www.editions-eyrolles.com

Le Code de la propriété intellectuelle du 1$^{er}$ juillet 1992 interdit en effet expressément la photocopie à usage collectif sans autorisation des ayants droit. Or, cette pratique s'est généralisée notamment dans l'enseignement, provoquant une baisse brutale des achats de livres, au point que la possibilité même pour les auteurs de créer des œuvres nouvelles et de les faire éditer correctement est aujourd'hui menacée. En application de la loi du 11 mars 1957, il est interdit de reproduire intégralement ou partiellement le présent ouvrage, sur quelque support que ce soit, sans autorisation de l'éditeur ou du Centre Français d'Exploitation du Droit de copie, 20, rue des Grands-Augustins, 75006 Paris.

© Groupe Eyrolles, 2010
ISBN : 978-2-212-54129-8

Faly Stachak

# Écrire pour la jeunesse

**EYROLLES**

*À ma Fanny jolie, qui n'attend qu'une chose :
pouvoir enfin lire toute seule à la fin de l'année !*

# Remerciements

Un grand merci chaleureux à tous ceux qui ont nourri ce livre de leurs réponses à mes questions, avec patience et passion :

Aux auteurs, Édouard Manceaux, Pierrette Fleutiaux, Annie Pietri, Marie Page, Pascal Herault.

Aux professionnels du livre, Véronique Girard, rédactrice en chef du magazine *Je bouquine*, aux éditions Bayard, à Viviane Ezratty, conservatrice des bibliothèques de la ville de Paris, à Monique Louveau-Benezra et Laure Lejeune (un clin d'œil en plus !), de la bibliothèque Valeyre à Paris, à Myriam Block, de la médiathèque de Strasbourg-Neudorf.

Aux enfants du centre de loisirs *L'île aux enfants* de Serris.

Merci à Anne de Chalonge, pour son soutien inconditionnel, à Anne Madjarian, première lectrice toujours fidèle de mes tapuscrits.

Merci aussi à toutes les bibliothécaires jeunesse auprès desquelles je suis intervenue en France et Dom Tom toutes ces années et qui m'ont à chaque fois fait découvrir de nouvelles œuvres, partager de nouveaux projets.

Aux auteurs d'essais ou de fictions qui ont éclairé ce travail.

Aux enfants, enfin, petits et grands, sans lesquels ce livre n'aurait pas de raison d'être.

# Sommaire

Prologue – Écrire pour la jeunesse ................................................. 1

## Partie 1 – Contexte

**1 • La littérature jeunesse en France : bonne santé et créativité !** ................................................. 7
    Deuxième secteur de l'édition française ................ 7
    La place prépondérante des Anglo-Saxons ............. 7
    Une production foisonnante ..................................... 8
    Une reconnaissance grandissante ............................ 8
    Stratégie marketing ou sous-littérature ? ................. 9
    Du livre à l'écran, de l'écran au livre ...................... 10
    Un univers d'abondance ........................................... 10
    Le respect du lecteur ................................................ 11

**2 • Qui lit quoi ?** ................................................. 17
    Connaître son lecteur, connaître ses lectures ......... 17
    Connaître les goûts de son public ........................... 18
    Un classement par l'âge fluctuant ........................... 18

**3 • De l'univers du merveilleux au documentaire** ............... 43
    Les histoires qui n'existent pas : l'univers du merveilleux ................................................. 43
    Les histoires qui pourraient exister (ou tirées du réel) .... 49
    Entre réel et merveilleux : les histoires d'animaux .... 51
    Et vous, qu'allez-vous écrire ? ................................... 54

## 4 • Le documentaire : une école de l'écriture et de la pédagogie .................................................. 55
Concurrence du Web et lacunes éditoriales ............... 55
Exigences rédactionnelles et stylistiques .................... 56
De nouveaux thèmes ..................................................... 56
Une pensée claire et de l'imagination .......................... 57
La diversité d'approches du documentaire .................. 57

## Partie 2 – Procédés

## 5 • La naissance d'une histoire .................................... 65
Tout est pré-texte ! ........................................................ 65
Six questions fondamentales ! ..................................... 66
Un plan en trois parties ................................................ 67
Graines d'histoires à faire grandir ................................ 70

## 6 • La structure : un héros éternellement en quête ....... 73
Quelques définitions essentielles ................................. 73
La structure d'un conte, selon Propp :
sept personnages en six étapes .................................... 75

## 7 • Le récit : force et permanence des archétypes ......... 79
Sept personnages, sept fonctions dramatiques et
psychologiques .............................................................. 81
Les douze étapes du voyage du héros .......................... 87

## 8 • Le personnage : au plus près du lecteur ................. 93
Le héros .......................................................................... 93
Les personnages secondaires :
réalité et consistance du récit ....................................... 95
Le nom des personnages : une marque, une existence .. 96
Les grands mythes : un trésor inépuisable ................... 96
Les techniques d'approche d'un personnage ............... 98

## SOMMAIRE

**9 • Qui raconte l'histoire ? Le point de vue du narrateur** .. 105
- Une même longueur d'onde ! ................................................. 105
- Qui voit quoi ? ......................................................................... 106
- Les principales postures du narrateur ................................... 108
- Le point de vue multiple : complexe et riche ....................... 110

**10 • Les temps du récit : « Il était une fois… »** ................ 113
- L'imparfait ............................................................................... 113
- Le passé simple : le temps de l'action dans le passé ........... 114
- Présent partout ! ..................................................................... 115
- L'alternance des temps .......................................................... 117
- Présent ou passé ? Le choix du narrateur ............................ 118

**11 • L'*incipit* ou le début de l'histoire : lecteur, je te tiens !** .................................................................. 121

**12 • Le dialogue : comme dans la vraie vie** ...................... 127

**13 • Le style « jeunesse » : quelques grands principes d'écriture** ................................. 133
- De l'écriture adulte à l'écriture jeunesse : de l'épure, du rythme, du sens ............................................. 134
- Les marques d'un style « jeunesse » ..................................... 138

### Partie 3 – Petit cahier d'exercices

**1 • Faire remonter l'enfance en soi** ..................................... 154

**2 et 3 • Structure et chronologie** ........................................ 156

**4 • Le personnage… moteur d'une histoire** ...................... 158

**5 • Perspective et point de vue** ........................................... 160

**6 • L'emploi des temps grammaticaux : du passé au présent** ................................................................ 161

7 • L'*incipit* et le début de l'intrigue .................................................. 162

8 • Le dialogue ........................................................................................ 163

9 • Le rythme ......................................................................................... 165

10 • La description ................................................................................ 166

11 • L'écriture documentaire ............................................................... 167

12 • L'actualisation de trois récits du XIX<sup>e</sup> :
exercice (savoureux !) de réécriture ................................................. 170
    « C'est vieux ! », *La poupée modèle* ........................................ 170
    Thérèse à Saint-Domingue .......................................................... 174
    La Petite Duchesse ........................................................................ 181

**Conclusion – Écrire vrai** ..................................................................... 187

## Annexes

Manifeste de la Charte des auteurs et des illustrateurs
pour la jeunesse ...................................................................................... 190

Déclaration internationale des droits de l'enfant ............................. 194

Bibliographie des principaux ouvrages consultés ............................ 201

Index des auteurs cités ......................................................................... 207

Index des œuvres et personnages cités ............................................. 211

# Prologue
# Écrire pour la jeunesse

> « *Écrire. Le plus sérieusement du monde. Ce n'est pas un loisir, c'est au-delà, c'est une question qui ne se pose pas. Un jour, on écrit pour la jeunesse, et voilà. Ce n'est pas un métier, ça ne se choisit pas, ça s'impose tout seul.* »
>
> Édouard Manceau[1]

Il était une fois vous, qui aimez bien écrire. Et qui plus est, raconter des histoires pour les petits ou les plus grands. Elles seraient là, toutes prêtes à vivre, et c'est tant mieux ! La littérature jeunesse ne s'est jamais aussi bien portée. Des auteurs, il en faut, et même s'ils sont nombreux dans ce secteur, et non sans talent, les éditeurs recherchent toujours de nouvelles histoires. Alors lancez-vous ! Mais non sans méthode. Car écrire pour la jeunesse, c'est déjà écrire tout court. Nombre d'auteurs jeunesse vous le confirmeront : c'est souvent bien moins simple qu'il n'y paraît. Question de rythme, de style et d'un univers commun à découvrir. Car il est exigeant votre jeune lecteur aujourd'hui, et le monde et les modes ont bien changé.

Entre Internet, les jeux vidéo, la télé, le ciné et les livres qui rivalisent d'imagination et de créativité, comment écrire juste, comment l'émouvoir ? Ce qui vous faisait frissonner de peur hier, êtes-vous certain qu'il ne le ferait pas plutôt rire aujourd'hui ?

---
1. Auteur-illustrateur jeunesse, interview de novembre 2009.

Sans parler des modes ! Elles passent d'autant plus vite qu'en réponse à l'engouement du moment, l'offre est littéralement en surabondance. Ainsi en est-il du genre de la *fantasy*, laquelle régnait encore en maître courant 2008. Aujourd'hui, lassé par des sujets répétitifs dont il a compris les principes, le lectorat jeunesse semble se tourner vers le roman historique et la science-fiction, tandis que les vampires en tout genre font fureur…

Il est des livres cependant qui franchissent les temps, les modes et les lieux. Et qui, maintes fois édités, albums pour les petits ou fictions pour les grands, nous font encore vibrer. Ils ont su dépasser les frontières, si floues parfois, entre littérature jeunesse et littérature générale. Ils parlent au cœur de tous, sans limite d'âge, de temps ou de culture. Quels sont leurs secrets ?

Écrire pour la jeunesse, et les auteurs l'affirment à l'unanimité, c'est faire remonter jusqu'à la page l'enfant qui est en soi, celui qui n'est jamais tout à fait parti ; c'est aussi connaître et comprendre les enfants, ce qu'il y a d'immuable en chacun d'eux. C'est savoir entendre leur logique. Être dans ce *je suis* de l'enfance qui découvre au présent le monde et ses lois. C'est la justesse d'un ton, la sincérité, l'émotion partagée, entre celui que vous étiez hier et celui pour lequel vous écrivez aujourd'hui. C'est enfin, laisser libre cours à votre imaginaire…

Vos muses seront ces enfants qui vous entourent, celui que vous avez été, les livres qui vous ont fait grandir, ceux qui vous ont émerveillé. À ce propos, quel livre, enfant, vous a le plus marqué ? Vous toucherait-il encore aujourd'hui ? Et sauriez-vous dire pourquoi ? Votre réponse est l'une des clefs qui ouvre le cœur du lecteur pour longtemps.

Voici un extrait de *Perlette* de Marie Colmont, illustrations de Gerda, cité dans *Un amour d'enfance*[1] où quatre-vingt-deux auteurs jeunesse racontent le livre qui a marqué leur enfance.

---

1. *Un amour d'enfance*, Bayard Jeunesse, 2007.

# PROLOGUE

« ... *Je l'avais oublié. Pas totalement mais, en grandissant, mes premiers souvenirs s'effaçant, j'ai cru longtemps l'avoir rêvé.*

*Un livre qui raconte le voyage d'une goutte d'eau, et puis quoi encore ? Tu délires ma fille ! Qui aurait eu l'idée d'écrire une histoire pareille !*

*Ainsi, lorsqu'un jour, par hasard, je suis tombée nez à nez avec ma goutte d'eau, j'ai manqué de défaillir. Non, je n'avais pas rêvé ! Ma Perlette était devant moi, telle qu'en mon souvenir. J'ai tout de suite reconnu la couverture. Les couleurs surtout. Je ne saurais dire quand avait eu lieu notre première rencontre. J'avais quoi ? Deux ans ? Quatre ? Cinq ? Une chose est sûre, je ne savais pas lire.*

*Aujourd'hui, j'ai relu* Perlette *en tentant de saisir ce qui avait pu me fasciner à l'époque. Je peux l'avouer : avant de tourner les pages, j'avais peur d'être déçue et de penser : "Quoi ? C'est ce truc gnangnan qui t'avait tant plu ?"*

*Eh bien non. Même pas une once de déconvenue. Parce qu'il y a tout dans* Perlette *: l'espoir, la chance, les craintes, l'amitié, les moqueries, la communication, la soif de comprendre. Tout ce qui a bercé mon existence par la suite.*

Perlette, *c'était moi...* »

Alors, vous demandez-vous, comment rendre mes histoires captivantes, vivantes, émouvantes ? Comment écrire de façon accessible sans pour autant brimer mon style ?

Ce livre est écrit pour vous apporter des réponses. Conforter votre désir d'écrire, de dialoguer et de transmettre. Qu'allez-vous raconter ? Des histoires tirées du réel ? Celles venues de mondes imaginaires ? Albums d'images, documentaires, fictions ? Ce sera là un vrai travail. Mais combien heureux vous diront les auteurs !

# Partie 1

# Contexte

# 1
# La littérature jeunesse en France : bonne santé et créativité !

## Deuxième secteur de l'édition française

Si l'édition, en littérature générale, est plutôt inerte ces dix dernières années, l'édition jeunesse, en revanche, à l'image de ses lecteurs, grandit et se porte bien. Aujourd'hui en France, un livre acheté sur quatre est un livre jeunesse[1], et l'on compte plus de 57 millions d'exemplaires vendus en 2008 !

Mais qu'appelle-t-on « littérature jeunesse » ? Ce genre, qui date des années cinquante, inclut tout ce qui s'édite et se réédite pour les jeunes, de 1 an à 15 et plus. Il peut se classer en trois grandes catégories (la BD constituant davantage un genre qu'une forme) : les albums d'images, les documentaires et les romans, ces derniers largement destinés aux adolescents.

## La place prépondérante des Anglo-Saxons

Cette production d'importance n'est pas le seul fait, cependant, des auteurs français, même si ces derniers ne cessent de s'affirmer : 50 %,

---

1. Syndicat national de l'édition (SNE), *Livres-Hebdo*, 24 novembre 2008.

en effet, concernent principalement des ouvrages traduits de l'anglais ; les nombreuses déclinaisons de Mickey and co. et les séries du célébrissime Harry Potter, présentées sous différents formats, en font largement partie. Si le petit Potter a contribué amplement à la progression du livre jeunesse, il a aussi, et c'est heureux, ouvert la voie à de nouveaux lecteurs. Conquis par l'univers du merveilleux, ils se sont tournés vers d'autres titres et séries, notamment françaises.

À cette production s'ajoutent les albums illustrés et les livres destinés au premier âge, tous rivalisant de créativité.

## Une production foisonnante

Ainsi, même si les Anglo-Saxons restent incontestablement les maîtres en matière de littérature jeunesse, la France, très gros pays éditeur dans la variété, les genres et l'esthétisme, se place juste après avec l'Italie, l'Allemagne, le Japon, et l'Espagne. Les pays du nord de l'Europe, précurseurs du genre avec les Anglo-Saxons, ont eux aussi une production non négligeable, mais une moindre diffusion.

En France, sur les 150 maisons d'édition, environ, pour la jeunesse, ce sont les plus anciennes, soit 10 %, qui produisent presque les deux tiers de la production : Gallimard en tête pour les romans, puis Hachette, Pocket, Flammarion, Nathan et Bayard. Plus de deux tiers des documentaires, quant à eux, sont édités par Nathan, Fleurus, Gallimard, Milan et Larousse. Reste une dizaine de petits éditeurs qui publient de 20 à 80 titres par an, suivis d'une pléiade de petites maisons, certaines spécialisées en albums d'images, poésie, documentaires[1]...

## Une reconnaissance grandissante

Le niveau d'exigence d'écriture a haussé si considérablement la qualité littéraire des textes pour la jeunesse qu'il est parfois difficile de déterminer la frontière entre littérature jeunesse et générale. Entre

---

1. D'après une interview de Martine Chouvy, bibliothécaire, pour le CRDP de Lyon, *in* Web, « Savoirs CDI », 15 mars 2006.

les deux, quelles différences ? Dans les pays anglo-saxons, cette ligne de démarcation est inexistante. Il n'empêche, le débat reste sensible ; en atteste le titre du premier colloque en 2005 à Cerisy pour ce genre nouveau : « Littérature de jeunesse, incertaines frontières ».

Car la littérature jeunesse propose de réels chefs-d'œuvre, tant au niveau des albums, des documentaires que des romans. Et, comme la littérature générale, elle s'avère tout autant hiérarchisée, les critiques et le grand public la soutiennent, et sa créativité et sa diversité parlent à tous, quel que soit l'âge ou le milieu. Ainsi, certains romans classés en littérature générale sont réédités et calibrés en littérature jeunesse, et certains genres, comme la *fantasy* ou les BD, sont placés souvent en librairie dans un *no man's land*, à l'invite de l'une ou l'autre génération, toutes frontières abolies.

## Stratégie marketing ou sous-littérature ?

Alors, quelles limites ? « Affaire d'habillage et de marketing ! Rien à voir avec la qualité littéraire ! », s'écrient les spécialistes. Loin d'être un sous-genre, la littérature jeunesse s'inscrirait donc, avant tout, comme un réseau éditorial distinct. Ceci dit, qu'il soit d'hier ou d'aujourd'hui, un livre classé jeunesse qui sait nous faire rêver, nous charmer par sa fraîcheur et son inventivité, est un grand livre tout court. Enfin, et c'est dire comme elle est bien vivante et de qualité, la littérature jeunesse s'inscrit dans les programmes des collèges depuis 1995 et, depuis 2002, dispose d'une place prépondérante dans ceux de l'école élémentaire.

Alors ? À quand une émission de littérature jeunesse à la télévision ou, mieux encore, à quand la présentation d'ouvrages jeunesse dans une grande émission littéraire ? Si les magazines spécialisés, les journaux grand public, voire la radio nationale lui consacrent quelques colonnes ou de petites minutes, son absence est tout de même révélatrice de certains préjugés, à l'instar de l'univers du théâtre d'objets ou de la marionnette, pourtant receleurs de trésors. Une affaire de temps, à suivre…

## Du livre à l'écran, de l'écran au livre

Une production importante, de la créativité, une reconnaissance accrue... voilà qui devrait vous encourager sur la page. Mais qu'en est-il de vos futurs lecteurs ? On entend souvent dire qu'ils ne lisent plus ou peu. Le marché de l'édition prouve évidemment le contraire. Les jeunes lisent, bien sûr, parfois même autrement, l'ordinateur ouvert sur MSN, le portable dans une main, la commande de la télé dans l'autre... Civilisation de l'écran oblige. Et tant mieux, car c'est par l'écran, au cinéma, à la télé ou sur l'ordinateur, qu'ils sont souvent entrés en littérature : *Oliver Twist, À la croisée des mondes, Titeuf, Charlie et la chocolaterie, Narnia, Le Seigneur des anneaux...* sans parler du petit Potter... Une fois ces histoires découvertes en images, les lecteurs n'ont qu'une envie : en poursuivre la magie sur la page.

Si les jeunes lisent encore, si les thèmes qui les accrochent sont finalement les mêmes que ceux de leurs parents enfants – aventure, merveilleux, fantastique, policiers, romans tirés du réel –, c'est l'offre qui a changé, comme le reconnaît l'ensemble des professionnels de l'édition. Ces dix dernières années, BD, mangas, magazines spécialisés, documentaires attrayants, petits précis philosophiques ou romans jeunesse... sont proposés partout, de la librairie du coin au supermarché. Parmi ce choix grandiose, même si l'on peut regretter parfois certaines séries préfabriquées, la part d'inventivité des auteurs et l'audace parfois des éditeurs se manifestent bien davantage qu'en littérature générale. Rien que de très logique ! Face à un public choyé, exigeant, critique, ouvert naturellement à des genres et des styles inédits, il faut sans cesse le rassasier. Mais pas n'importe comment ! À l'image du monde contemporain, le rythme est primordial.

## Un univers d'abondance

Aujourd'hui, pour accrocher le jeune lecteur, il faut que ça déménage ! Afin d'éveiller la sensibilité et la créativité des plus jeunes, les albums se présentent comme de véritables *objets* artistiques. Illustrés et écrits, même, parfois par des artistes renommés, ils sont drôles et/ou émouvants, et séduisent tout autant les enfants que les adultes. Une créativité à l'adresse de toutes les catégories d'âge et ce, sous des formes variées, à travers des genres tels le conte, la poésie, le récit ou le documentaire…

Les romans pour les plus grands foisonnent eux aussi d'imagination, même si les modes se ressentent dans les productions. Des mondes imaginaires à la petite planète bleue, tout s'offre à lire dans sa complexité, tout parle ou cherche à parler avec justesse des préoccupations de chaque classe d'âge.

> « *Le monde, c'est le même pour tous, dit François Sautereau. L'écriture pour la jeunesse, c'est le monde observé, commenté avec quelques centimètres de moins. Une caméra un peu plus basse[1].* »
>
> Marie-Aude Murail

## Le respect du lecteur

Aujourd'hui, en littérature jeunesse, on peut écrire et lire à peu près tout, sans tabou : premières relations sexuelles, homosexualité, inceste, suicide, drogue… En cela, les auteurs anglo-saxons et nordiques ont ouvert le chemin. Même si l'on ne dit pas tout à fait tout. Il existe en effet une autocensure, consciente ou inconsciente chez les auteurs, parfaitement assumée : « *Je n'ose pas être aussi pessimiste dans mes livres pour la jeunesse que dans mes autres livres,* reconnaît Michel Naudy. *Dans mes nouvelles pour adultes, parfois des personnages se suicident à la fin. Je n'aurais pas écrit la même conclusion pour des enfants ou des adolescents. Ce n'est pas une censure, c'est un choix[2].* »

Aucune naïveté donc, mais le respect du jeune lecteur, et une éthique. Écrire pour la jeunesse, c'est offrir aux jeunes l'espoir, lui apporter la force et la confiance dans une vie qui démarre, à toujours réinventer. Un discours tenu par la très grande majorité des auteurs.

---

1. Cité par Marie-Aude Murail, *Continue la lecture, on n'aime pas la récré…*, Calmann-Lévy, 1993.
2. Cité par Marie-Aude Murail *in op. cit.*

« *Les enfants attendent une parole sur la vie, sur la mort, une parole qui sauvegarde l'espoir et la dignité*[1] », écrit Marie-Aude Murail.

C'est pourquoi aussi les histoires se terminent généralement bien. « *Pour l'enfant, une histoire qui se termine "mal" est une histoire qui ne se termine pas du tout*, constate Michel Tournier. *Il demande la suite aussi longtemps que tout n'est pas rentré dans l'ordre*[2]. » De fait, *La Petite Chèvre de Monsieur Seguin*, par exemple, n'est pas un conte pour enfant. La mort de la petite chèvre, qui ne rêvait que d'être grande et libre, est tout à fait inacceptable, voire angoissante. « *J'évite la morbidité, j'évite la tristesse, tout ce qui débilite. En revanche, les enfants supportent parfaitement l'horreur et la cruauté, à condition qu'elles soient gaies* », explique Pierre Gripari[3].

En cinquante ans, depuis qu'elle existe vraiment, la littérature jeunesse a bien changé. *Exit* les textes à la bonne morale d'antan, aux phrases censurées, aux descriptions trop longues, au verbe alambiqué, au rythme lent, à l'intrigue sans rebondissements. Les textes se centrent sur l'essentiel, sans pour autant oublier l'objectif littéraire. Ils peuvent être écrits en petits caractères, le vocabulaire souffrir de quelque désuétude… si l'histoire accroche et si le rythme suit, la lecture est gagnée ! Je me rappelle en riant d'un élève de première en bac professionnel, accablé devant *Le Rouge et le Noir* : « Franchement, Madame, y'a des trucs bien dans ce livre, mais cent pages avant que Julien prenne la main de Madame de Rénal, c'est abusé, non ? » Alors, Stendhal à réécrire en version jeunesse, ça vous tente ?

---

1. *Ibid.*
2. *Ibid.*
3. Dans une interview au *Monde de l'éducation*, cité par Marie-Aude Murail *in op. cit.*

## 1600-2009 : de la morale à l'humanisme
## Écrire pour la jeunesse ou suivre
## les chemins de pensées...

### 1600-1950 : de la rigueur, de la morale, de l'ordre !

Écrire pour la jeunesse, c'est d'abord, et longtemps, affaire d'éducation et volonté d'inculquer des valeurs morales aux enfants en référence aux pédagogues de l'Antiquité. Et ce, jusqu'à peu. Ainsi en est-il au départ des *Fables* de La Fontaine ou du *Télémaque* de Fénelon, œuvres destinées d'abord au jeune Dauphin. Aux côtés de ce genre de texte, des contes de fées. Ceux de Perrault en 1691, *Les Mille et Une Nuits* dans la traduction si édulcorée et revisitée de Galland (1703), ou bien encore les contes des frères Grimm (1820). S'ils adoucissent l'univers narratif quelque peu rigide, ils participent de la même couleur éducative.

Il faut attendre le milieu du XIX$^e$, avec le développement de l'industrie et, plus tard, de l'école obligatoire, pour voir apparaître des romans écrits pour la jeunesse. Des histoires pour la plupart réalistes, peuplées d'enfants aux cœurs purs en proie à la noirceur du monde. Ainsi en est-il d'*Oliver Twist* ou de *La Petite Fadette* de George Sand.

La comtesse de Ségur, avec les fameux *Malheurs de Sophie*, sera parmi les premières à écrire spécialement pour les enfants. Et comme la grande majorité des héros d'alors, époque oblige, ses personnages manquent de naturel et de crédibilité. Derrière la voix de l'enfant, qui se veut spontanée, c'est toujours celle de l'adulte, gardien de l'ordre établi, qui édicte en sourdine la morale et la bonne éducation. En exemple, cette courte réplique : « *Concevez-vous quelque chose de plus indigne que la conduite de Charles ?* », demande un jeune héros, dans un ouvrage couronné en 1784 par l'Académie française[1]. On n'imagine pas aujourd'hui, excepté pour rire, un tel lécheur de bottes ! C'est que le monde commun des romans d'alors se partage généralement en deux camps, tous deux peuplés de héros stéréotypés : d'un côté, les enfants bien élevés ; de l'autre, les vilains à remettre dans le droit chemin. Pour ce faire, en contrepoint de référence, cette voix d'adulte sentencieux, « qui sait ce qui est bien », lui.

Si l'on commence au XIX$^e$ à écrire pour la jeunesse, les auteurs, même connus et traduits comme Charles Dickens, Alphonse Daudet, Herman Melville, Erckmann Chatrian, Jules Verne... sont encore peu

>

---

1. Berquin, *L'ami des enfants et des adolescents*, cité par Ganna Ottevaere van Praag, *Le roman pour la jeunesse*, éditions Peter Lang, 2000 (1$^{re}$ édition 1996).

nombreux. À la fin du XIXe, l'enfant et l'adolescent occupent une place majeure dans le roman, sans que les auteurs aient écrit pourtant à la seule intention des enfants.

C'est par la presse enfantine, née au début du XXe siècle, que va se développer une littérature de divertissement : feuilletons, magazines, histoires illustrées..., tels *Bécassine* ou *Tintin*.

### 1950-1970 : littérature classique et premiers grands succès jeunesse

Dès les années trente, quelques éditeurs ouvrent la voie à une littérature de jeunesse qui va jusqu'à traiter les thèmes du racisme ou de la place de la femme dans la société[1]. Mais c'est véritablement dès les années cinquante-soixante qu'émergent les grands succès jeunesse, ceux des séries traduites, comme *Alice détective* de Caroline Quine, *Fantômette*, *Le Club des cinq*, d'Enid Blyton, suivi du *Clan des sept*... Si les personnages sont préfabriqués, convenus, et le monde dans lequel ils évoluent fort lisse, ils n'ont pas moins distrait les générations de ces années-là. Avec eux, les collections de la « Bibliothèque rose » et « Bibliothèque verte », les « Rouge et Or », sans oublier les *Albums du père Castor*, de pures petites merveilles pour certains, toujours réédités.

Dans ce nouveau monde des ouvrages destinés à la jeunesse des années cinquante-soixante, trois grands courants se dessinent alors. Celui du merveilleux (avec tous les contes, tels ceux de la série « Contes et légendes »...), celui des romans d'aventure et des romans à énigme, enfin, celui du réalisme, comme *Sans famille*, d'Hector Malot.

Jusqu'aux années soixante-dix, la frontière entre roman adultes ou roman jeunesse n'existe pas, le genre n'est encore que balbutiant. À cette époque, à 10, 12 ou 15 ans (après l'autorisation des parents, parfois !), on lit tout, indifféremment. Ainsi, ces merveilleux classiques autrefois écrits pour les adultes, aujourd'hui classés en littérature jeunesse : *Robinson Crusoé* de Daniel Defoe en 1719 (revisité en 1967 par Michel Tournier avec *Vendredi ou les limbes du Pacifique*), *Les Trois Mousquetaires* en 1844 d'Alexandre Dumas, *Moby Dick* en 1851 d'Herman Melville, *La Case de l'Oncle Tom* en 1852 d'Harriet Beecher-Stowe, *L'Île au trésor* de Robert Louis Stevenson en 1881-1883, *Les Aventures d'Huckleberry Finn* en 1884 de Mark Twain, *Ivanhoé* de James Fenimore Cooper en 1886, *Le Grand Meaulnes* en

---

1. Voir Daniel Delbrassine, *Le roman pour adolescents aujourd'hui : écriture, thématique et réception*, éditions SCEREN, CRDP Créteil, 2006.

1913 d'Alain Fournier, *Le Petit Prince* en 1946 d'Antoine de Saint-Exupéry, *Le Journal* d'Anne Franck en 1947, *Le Lion* de Joseph Kessel en 1953, *Sa Majesté des mouches* en 1954 de William Golding… Et, plus récemment, *L'Ami retrouvé* (1971) de Fred Uhlman ou *Un sac de billes* de Joseph Joffo (1973)… Une évocation fort émouvante, la plupart de ces romans ayant été repris au cinéma et/ou à la télévision. C'est ainsi que certains d'entre eux continuent de franchir les siècles et poursuivent, parfois réécrits, l'enchantement de nombreuses générations.

Classées aujourd'hui en littérature jeunesse, ces œuvres ont dépassé les frontières de l'espace et du temps : leurs thèmes demeurent d'actualité (aventure, imaginaire, droits de l'homme…) ; le monde décrit prend ses racines dans un même imaginaire collectif ; les questionnements des héros d'hier sont aujourd'hui encore d'actualité ; l'auteur a su retrouver la fraîcheur de l'enfant qu'il était, permettant par là même au jeune lecteur de s'identifier ; enfin, le style d'écriture, très important, n'a pas ou peu vieilli.

### 1970-2009… : de la morale à l'humanisme

À partir des années soixante-dix, le monde change notablement avec la prospérité économique des années soixante et la révolution de 68. L'enfant, désormais, et ce dès sa naissance, est considéré comme une personne à part entière. Dans ce courant d'esprit, des éditeurs comme Gallimard, avec la création des « Folio Junior », Hachette, les éditions Milan ou Bayard, pressentent le marché à venir et vont faire sortir de l'ombre le livre pour enfant… Depuis, la littérature jeunesse est née et ne cessera de grandir dans le monde entier.

Si les messages qu'elle transmet aujourd'hui ne sont plus empreints des valeurs morales sclérosantes et surannées, le « projet » éducatif subsiste, à juste raison, teinté aujourd'hui de valeurs humanistes, celles issues d'un nouveau siècle qui en a bien besoin…

# 2

# Qui lit quoi ?

## Connaître son lecteur, connaître ses lectures

Certains d'entre vous savent déjà à qui va s'adresser leur texte, d'autres ne se sont pas posé la question. Écrire pour un petit, un moyen, un ado ? Cette question est d'importance pour certains auteurs. Les besoins, expliquent-ils, diffèrent selon les âges et l'on n'aborde pas de la même façon une histoire, tant du point de vue « pédagogique » que narratif. Pour d'autres, la majorité des professionnels du livre : auteurs, éditeurs, bibliothécaires… cette question ne doit venir qu'en tout dernier. Les auteurs précisent souvent, d'ailleurs, qu'ils ne pensent pas à l'âge de leur lecteur, qu'ils écrivent pour tout le monde. Alors ?

L'important, et chacun sera d'accord, c'est d'avoir d'abord quelque chose à dire, avec cette exigence fondamentale de l'authenticité. Écrire vrai. À la fin de votre récit, le destinataire devrait paraître évident.

> *« Je n'ai pas une approche spécifique quand j'écris pour la jeunesse. Je pense sans doute plus au lecteur, je cherche le ton qui conviendra à son âge, le rythme que sera susceptible de l'emporter… Mais rien de plus. {…} La souffrance, la tristesse, le grotesque, mais aussi la joie intense, le rire, l'empathie avec le vivant, le contemplatif, j'exploite la même palette. Simplement, parce que c'est une palette que connaît l'enfant aussi bien (parfois même mieux) que l'adulte. Il ne faut pas mentir aux enfants.*

*Tout ce qu'on peut se permettre, pour paraphraser Céline, c'est d'espérer qu'ils seront meilleurs que nous plus tard. Voilà en définitive la différence : quand j'écris pour la jeunesse, j'écris pour des lecteurs que je suppose (à tort sans doute, mais peu importe, cet espoir-là est le seul dont je n'arrive pas à me débarrasser) être meilleurs que moi. »*

Jérôme Noirez[1]

## Connaître les goûts de son public

Ce qu'il vous faudrait considérer, en revanche, ce sont les productions pour la jeunesse. Avez-vous connaissance de tout ce qui s'édite ? Même si votre maison est remplie de livres pour enfants, peut-être vous faudrait-il quand même faire un petit tour entre les rayonnages de votre bibliothèque, secteur jeunesse ; vous perdre dans les bacs des albums, des BD ; entrer chez les libraires et feuilleter les dernières parutions pour enfants... Que dis-je feuilleter, les lire, tout simplement. Pour vous imprégner de la *façon*, sur laquelle nous reviendrons plus loin. Car, même si vous avez longtemps fait découvrir des histoires le soir à vos petits, vous étiez-vous alors penché attentivement sur le titre, la mise en page, le séquençage des chapitres, les ressorts du suspense, le style... ? Et de quand datent tous ces livres ?

Ouvrez ceux que vous ne connaissez pas. Vous n'aurez alors qu'une obligation : ne surtout pas vous laisser impressionner par la luxuriance du champ de vos investigations, mais juste vous laisser émerveiller... pour mieux partir chercher en vous d'autres récits.

## Un classement par l'âge fluctuant

Ceci dit, comment s'organise le marché du livre ? Il concerne d'abord, comme nous l'avons évoqué plus haut, trois grandes catégories d'ouvrages : albums d'images, documentaires au sens large et fictions.

---

1. Auteur adulte et jeunesse de *fantasy*, entretiens avec Christian Grenier, 31 octobre 2007, source Ricochet.

Ces ouvrages sont segmentés par catégories d'âge, ces dernières quelque peu mouvantes selon les éditeurs. Ainsi, pour citer les principaux, chez Gallimard Jeunesse, les livres sont présentés en trois grandes catégories : 0-7 ans, 8-11 ans, 12 et plus. Chez Bayard : 2-6 ans, 7-12 ans, 12 et plus. Sur un site : 15-25 ans. Pour d'autres éditeurs, notamment anglais : 0-6 ans, 5-7 ans, 7-9 ans, 9-12 ans, 12 et plus. La catégorie sur laquelle s'accorde à peu près tout le monde est celle qui concerne les préados et les adolescents, soit de 12 ans à plus.

Ces dernières années, pour les lecteurs de 8 à 11 ans, on a même procédé à un classement par sexe selon les sujets, livres pour les filles, livres pour les garçons, livres à usage mixte. Ce n'est pas ici une régression sociologique, « Bibliothèque rose », « Bibliothèque verte », mais le résultat d'une analyse qui tient compte du partage des sexes. En littérature comme dans la vie, même à âge égal, les goûts des garçons et des filles diffèrent. Quoi qu'il en soit, même en catégorie distincte, la parité et le multiculturel sont une exigence des éditeurs.

Ce classement, vous l'avez sans doute constaté, ne correspond pas forcément à l'âge des lecteurs. Il arrive souvent que les enfants lisent des ouvrages adressés à la catégorie d'âge supérieur. On a toujours envie de paraître plus âgé, de faire comme les plus grands quand on est encore petit. Ensuite, on est plus ou moins bon lecteur, les éditeurs le savent. Le magazine, *Je Bouquine*, par exemple, qui propose des textes littéraires, tient compte de cette tendance et s'adresse aux 10-15 ans. Pour cette raison, les éditeurs ont rajouté au classement par âge, la catégorie : benjamin, cadet, junior.

Le classement que je vous propose maintenant, pour découvrir « qui lit quoi » selon les âges, en constitue la moyenne générale.

## De 0 à 5 ans, les premières lectures : « Dis, tu me lis une histoire ? »

> *« Invité dans une classe, je dessine un lapin, le découpe et le mets dans un livre. Je donne le livre à un enfant qui doit l'apporter au bout de la classe. Et je pose la question :*
> *– Ça sert à quoi un livre ?*
> *– À lire !*
> *– Non.*
> *Et je recommence à mettre le lapin dans le livre et à le faire circuler au bout de la classe.*
> *– Alors, ça sert à quoi un livre ?*
> *– À faire voyager les histoires ! »*
>
> Édouard Manceau

### *Une approche poétique*

Pour les plus petits, les yeux grands ouverts sur un monde entièrement neuf, tout ce qui le compose les intéresse. Mais ce n'est plus aujourd'hui le seul monde de *Petit Ours brun*, par exemple. Il ne faut jamais oublier qu'un très jeune enfant possède déjà en lui tout un vocabulaire, limité certes, de formes et de mots. Écrire pour les petits, ce n'est pas si facile que ça en a l'air. De 0 à 4 ans, il est rare que les enfants lisent et choisissent tout seuls les albums. Ce sont donc les parents ou les enseignants qu'il vous faudra séduire en premier lieu !

### *Texte essentiel, image prépondérante*

Les premières histoires sont principalement des albums, ou albums d'apprentissage. Ils présentent aujourd'hui une grande diversité, que ce soit en termes de format, de matériau, de technique d'expression, de mise en page…

Dans l'album, contrairement au roman ou à la bande dessinée, où le texte s'organise en lignes superposées sur chaque page, les images se placent librement. Elles vont constituer à elles seules une histoire, voire plusieurs, selon le degré d'imagination de chacun. L'enfant doit pouvoir la lire tout seul et la comprendre. Ceci dit, n'oubliez pas que si l'image est prépondérante, elle se doit de compléter le texte. Même s'il est court, c'est lui l'élément porteur de sens, porteur de l'histoire :

*« Souvent, des artistes réalisent des dessins sublimes mais ils chargent leurs planches de choses inutiles. Et ils en oublient l'histoire alors qu'elle est essentielle. »*

Zep[1]

Peut-être, d'ailleurs, avez-vous déjà une histoire pour les petits, mais, voilà, le dessin n'est pas votre fort ? Pour cette raison, vous pouvez l'envoyer chez un éditeur, c'est toujours l'histoire qui prime. Et puis les éditeurs ont leurs propres illustrateurs, et parfois même peuvent les imposer s'ils estiment que l'image que vous avez choisie ne correspond pas suffisamment au sens du texte. Ou ne leur plaît pas, tout simplement.

### *Des histoires linéaires au présent*

Les histoires pour jeunes enfants, et ce jusqu'à 10-11 ans, sont généralement linéaires. C'est-à-dire qu'elles se déroulent chronologiquement, du début jusqu'à la fin, sans aller et retour dans le temps. Le temps grammatical est souvent le présent. Un peu plus grand, l'enfant rencontrera l'imparfait (accompagné d'autres temps du passé), temps privilégié des histoires : *il était une fois…*

### *Un seul personnage dans le monde du quotidien*

On rencontre très peu de personnages dans les albums pour les petits. La plupart du temps, un seul, parfois deux, voire trois. S'il s'agit de l'histoire d'une famille, d'une classe, d'un groupe quelconque, ils se contentent généralement d'accompagner le personnage principal et n'interviennent pas ou très peu. L'action se déroule généralement sur un même lieu et dans un même temps… généralement celui de la vie quotidienne, ce monde qui entoure l'enfant et qu'il découvre.

---

1. Auteur du personnage de BD, Titeuf, in *Lire*, avril 2003.

### *Fluidité et musicalité du texte*

Avec les premières lectures, on est encore dans la langue orale, et les enfants *lisent* leurs albums seuls en attendant votre lecture à haute voix. Une pratique dont il vous faut tenir compte lorsque vous écrivez une histoire. Les mots doivent glisser, fluides, et vous devez les choisir concis, précis et simples. Vos phrases seront courtes, vivantes, en accord avec l'image.

La difficulté sera d'écrire l'essentiel, mot après mot, ligne après ligne, en gommant systématiquement tout ce qui est superflu. Sans pour autant appauvrir le sens de votre histoire. Ce qui ne vous empêche pas, au contraire, d'employer parfois un vocabulaire *riche*, ni alambiqué, ni technique.

> « *Pour les tout-petits, le challenge, c'est de faire une histoire avec très peu de chose, tous les sujets sont bons. Un livre pour les tout-petits, c'est comme un haïku. Le plus petit poème du monde qui dit un morceau de monde et donc le monde dans son entier.* »
>
> Édouard Manceau

Les très jeunes enfants sont particulièrement sensibles au rythme et à la musicalité du verbe. Ainsi, il ne faut pas hésiter, ce qui est pratique courante, à user de formules répétitives, voire à créer des rimes à l'intérieur du texte. Les jeux sur les sonorités, les jeux de mots, s'ils ne sont pas compris, sont *ressentis*, captés. Plus grands, en revanche, les enfants entendront d'abord le sens avant la forme. Même si ce dernier participe, et comment, au plaisir de l'histoire !

### *De 500 à 2 000 mots*

Pour un album, selon l'âge des premiers lecteurs, la longueur des textes doit être comprise entre 500 et 2 000 mots, sachant que l'illustration représentera au minimum 50 % de l'ouvrage (tout dépend à qui le livre s'adresse). Les albums, couverture, page de garde et préliminaires compris, sont en moyenne de 32 pages, le texte présent sur 24 pages. Ceci dit, les critères ne sont pas stricts et changent en fonction de l'éditeur. Enfin, n'oubliez pas que les enfants se déconcentrent vite (une règle élémentaire de l'écriture jeunesse). Qualité et richesse des images, profondeur et rythme du texte doivent toujours les tenir en haleine !

## Petite fabrique d'un album, interview d'Édouard Manceau[1]

*« Il faut d'abord oublier la fonction des choses qui nous entourent et toujours les regarder d'un œil neuf, critique pour développer l'imaginaire. Et tant pis si c'est décalé ! C'est le décalé qui plaît aux enfants, ils y sont spontanément. Plus tard, hélas, ils seront calés ! Ainsi, quand on veut faire un livre, c'est tout sauf un livre qu'il faut avoir à l'esprit.*

*Dans un album, trois éléments sont essentiels et complémentaires : le texte, l'image, le sens. À gauche le texte, à droite l'image, c'est l'illustration qui va rajouter du sens, provoquer l'effet de surprise, l'humour. Il faut cependant se centrer sur une idée simple et un seul sujet, ne pas se laisser emprisonner par le dessin. L'important, c'est d'avoir une idée, non pas d'être un virtuose. Tout va partir des mots, du langage. Un texte peut fonctionner à partir d'une seule question, répétée sur la page de droite, la gauche étant l'illustration de la réponse à la question. Ce sont les premiers mots, comme pour les conteurs, qui happent les enfants, le lecteur. On peut faire de la magie avec rien, comme on peut faire un livre en partant d'une idée.*

*Au départ, j'ai la page blanche, et le réflexe du peintre, la toile blanche. Jusqu'au moment où je sais que la phrase est là, toute simple. C'est très difficile d'être simple. C'est de l'art brut. On taille dans la matière, on épure pour arriver au plus juste. Je considère que la phrase est réussie si la personne en face de moi capte tout de suite le fond. Quel mot vais-je utiliser, là, pour aller au fond ? J'ai envie de parler aux enfants. Mon but n'est pas de leur apprendre des mots, mais de faire passer quelque chose. Je n'ai pas de technique particulière. Quand j'écris, je lis la phrase tout haut. Ce n'est pas naturel d'écrire. Le mot juste ? Je suis tellement peu sûr de savoir écrire ! Le mot "écrivain" me semble usurpé ! Je n'ai pas appris. Mais je sens quand c'est juste, que ça sonne.*

*Le plus facile, le plus naturel, c'est me mettre à la hauteur des enfants. Mais je refuse d'attraper "les mots d'enfant". C'est comme les papillons, je les vois et les regarde s'envoler. »*

---

1. Interview de novembre 2008.

Voici une histoire en exemple : elle fonctionne presque sans image et, qui plus est, charme les petits comme les grands :

*« Regardez ! C'est Pof l'éléphant ! Avant il était comme ça Pof l'éléphant* (image d'un éléphant sans défense).
*Un soir il a découvert la lune.*
*Il a essayé de la chatouiller*
*Mais elle a dégringolé et elle a disparu !*
*Il avait peur tout seul dans le noir !*
*Heureusement, un petit pêcheur a rattrapé la lune !*
*Et pof !*
*Il lui en a donné deux morceaux* (image : les défenses ressemblent à deux petits croissants de lune).
*Depuis, il brille Pof l'éléphant… »*

Édouard Manceau, *Pof l'éléphant*[1]

## De 0 à 5 ans

**Ils aiment bien :**

Leur petit monde évidemment !

- Les histoires de leur quotidien, mais transposées aux animaux (le souriceau, la maman souris, le papa souris…) ;
- Les histoires de jouets ;
- Les histoires d'animaux : les loups qui deviennent gentils, les cochons, les ours, les singes… ;
- Les dinosaures et les dragons (à 5 ans, ils en raffolent) ;
- Les albums d'apprentissage (choisis évidemment par les adultes) : la propreté (bien se laver, bien manger), la colère, la jalousie envers le nouveau bébé, aller sagement au lit…
- Ils peuvent apprécier aussi des histoires pour les plus grands, quand le héros est drôle et singulier, voire un peu monstrueux mais sympathique ;
- Celles traitant du racisme, du civisme… ;
- Enfin, certains classiques fonctionnent toujours, les Claude Ponti, Babar, Tison, Barbapapa, les Japonais, Tomi Ungerer…

>

---

1. Édouard Manceau, *Pof l'éléphant*, éditions Frimousse, 2001.

> **Ils aiment moins :**
- Certaines formes d'humour, comme l'ironie (trop petits pour apprécier) ;
- Les images à l'ancienne (celles toutes pâles ou en noir et blanc) ;
- Les histoires entre documentaires et albums : « *Quand papa était petit, il utilisait une vieille mobylette pour aller à l'école...* » Si papa est tout content de se revoir la chevelure au vent, l'enfant, lui, s'ennuie ;
- Les albums comme *Céleste et Ernestine* ;
- Les beaux livres graphiques aux textes un peu particuliers. Ils plaisent aux adultes, mais les enfants ne sont pas encore capables de les apprécier.

## De 6 à 7 ans, les lecteurs débutants : « Je lis tout seul ! »

### *Entre l'album et le roman*

Enfin, même s'ils aiment toujours autant qu'on leur lise des histoires, ils peuvent s'y plonger seuls, comme les grands, et font preuve de davantage de concentration ! Leurs livres, ils ont pu les choisir tout seuls, dans ce que l'on appelle « les lectures intermédiaires », un genre spécifique de cet âge, entre l'album et le roman.

Par rapport aux albums, si les intrigues sont plus longues et plus complexes, les règles de simplicité demeurent globalement les mêmes, tant dans la forme que dans le fond. Pour que ces lecteurs puissent déchiffrer facilement le texte, tout doit contribuer à conserver son attention : la typographie et l'interlignage sont très aérés, le corps des lettres compris entre 12 et 14. Quant au style, il doit être léger pour garder le rythme et l'émotion.

### *Phrases simples, vocabulaire d'actualité*

Les phrases doivent être réduites au sujet-verbe-complément –, mais on peut varier les entrées ! Les mots sont simples mais bien choisis, sans abuser des adjectifs ; les paragraphes, courts. Quant aux expressions, surveillez-vous : les *vachement, c'est chouette, super* ne sont pas spécialement appréciés. Si vous n'êtes pas entouré d'enfants, il faut vous réactualiser sur la page… Enfin, lorsque vous écrivez un dialogue, l'enfant doit comprendre d'emblée *qui parle* : *Jules demande : … Robin répond : …*

Les illustrations, s'il en existe, sont bien moins nombreuses et souvent en noir et blanc. La longueur des textes varie à cet âge entre 1 500 et 10 000 mots. Le nombre de pages, mais c'est affaire d'éditeurs, entre 40 et 80.

Voici, en exemple, un extrait du *Correspondant de Grignotin et Mentalo*. Le texte est à mi-chemin entre l'album, la BD, le récit. Les personnages, un lièvre, Grignotin, et un lézard, Mentalo, sont illustrés. Les dialogues : une phrase sans bulle à chaque fois à côté du personnage dessiné, séquencée en trois ou quatre endroits, est en script de couleur, rouge pour Grignotin, vert pour Mentalo, afin de mieux identifier qui parle. Le dialogue est ici retranscrit classiquement, l'important est que vous sentiez la *couleur* d'un texte pour lecteur débutant. À ce moment du récit, Grignotin est allongé sur le dos, à l'arrêt d'un autocar, les bras repliés sous la tête et les yeux fermés, quand arrive Mentalo :

« *– Grignotin, qu'est-ce que tu fais là ? Ça fait des heures que je te cherche.*
*– J'attends mon correspondant.*
*– Mais enfin, Grignotin, le correspondant n'a jamais dit qu'il viendrait aujourd'hui ! Il a juste écrit : "J'espère qu'un jour…*
*– Nous aurons la chance de nous rencontrer." Et alors, c'est peut-être aujourd'hui le jour.*
*– Et si ça ne l'est pas ? On ne peut pas attendre un correspondant indéfiniment.* »

Un peu plus loin dans l'histoire, le narrateur intervient, typo large, écriture d'imprimerie :

*« Et Mentalo s'en va. Quelque temps après, le bus s'arrête et les passagers descendent. Le dernier voyageur n'est pas d'ici, Grignotin le remarque tout de suite. »*

Delphine Bournay, *Le Correspondant de Grignotin et Mentalo*[1]

## De 6 à 7 ans

**Ils aiment bien :**
- Les séries en général, composées d'histoires tirées du quotidien et dans lesquelles ils peuvent se reconnaître : la famille, l'école, les loisirs… ;
- Les histoires de *fantasy*, de dragons, de magiciens, de dinosaures… ;
- Les histoires de fantômes. Ils adorent avoir peur et sont moins impressionnables que leurs parents ou grands-parents ;
- Les histoires dans lesquelles humains et animaux interagissent ;
- Ils apprécient de plus en plus les livres historiques.

**Ils aiment moins :**
- Les histoires qui servent une cause de façon trop appuyée, ou celles qui leur sont hermétiques tant le souci pédagogique semble forcé.

## De 7 à 9 ans, le plaisir de lire : « C'est moi qui choisis, je veux un livre rigolo ! »

Enfin, l'autonomie, la vraie ! À cet âge, on choisit ses bouquins tout seul et on veut de vrais livres, sans images. On appelle cette période, entre 7 et 11 ans, « l'âge d'or » du lecteur, celui où il se passionne pour le livre. Normal, non ? C'est un pouvoir tellement extraordinaire de déchiffrer enfin le monde ! Les livres qui sont proposés, documentaires, BD ou fictions, reflètent généralement les préoccupations de leurs lecteurs, et c'est, entre autres, au travers de leurs lectures que va se construire leur identité, s'affirmer leurs goûts. C'est dans cette tranche d'âge, sous la demande, que l'on trouve des livres

---

1. Delphine Bournay, *Le Correspondant de Grignotin et Mentalo*, L'École des loisirs, coll. « Mouche » (« Un livre pour les enfants qui aiment déjà lire tout seuls »), 2008.

sexués. C'est aussi l'âge des collections. Si un titre plaît, le lecteur se procure toute la série.

### *Davantage de vocabulaire et déplacement du héros*

Même si la lecture est désormais acquise (du moins on l'espère…), la syntaxe est encore simple pour que l'histoire soit pleinement appréciée. Le récit reste la plupart du temps linéaire, l'unité de temps et de lieu, encore respectée, même si le héros se déplace. Si tel est le cas, il n'évolue pas d'un lieu à l'autre, à l'intérieur d'un même chapitre, mais se retrouve, un chapitre plus loin, dans un autre lieu, bien déterminé, et ainsi de suite. Il est un peu difficile, en effet, pour l'imaginaire d'un enfant de cet âge d'intégrer des allers et retours dans l'espace et le temps.

De même, le vocabulaire employé, la syntaxe des phrases restent encore simples, compréhensibles, sans pour autant être minimalistes ! Si le vocabulaire employé n'est pas toujours complètement saisi, la force du style de certains auteurs, l'émotion qu'ils provoquent amènent les enfants jusqu'au bout de l'histoire. Les images sont rares, plutôt en noir et blanc ou peu colorées. Les textes sont plus denses, le corps des lettres et l'interlignage diminuent un peu.

### *Simplicité de la psychologie*

Quant aux personnages, si leur nombre augmente, ils agissent comme un seul *homme* (pensez au *Club des cinq*), chacun ayant une personnalité marquée mais tous conduits par une même et unique motivation. Les relations humaines ne sont pas encore décrites dans leur complexité, et les personnages ne vont jamais remettre en cause l'unité du groupe, selon Martine Chouvy[1]. Quant au nombre de pages, il augmente encore un peu, entre 64 à 200 pages (une moyenne de 10 000 à 16 000 mots), lesquelles seront divisées en 8 à 16 chapitres. Un exemple :

---

1. Martine Chouvy, bibliothécaire, pour le CRDP de Lyon, 15 mars 2006, in Web « Savoirs CDI ».

*« J'ai vu de mes yeux vu le client inconnu boire un livre. Non, je n'ai pas la berlue. Pendant cinq minutes, il s'est promené dans les rayonnages. Les yeux fermés, il se déplaçait en silence, les bras tendus droit devant lui. On aurait dit qu'il écoutait le bruit des livres.*

*Subitement, il a saisi un p'tit bouquin et tout est devenu encore plus fou. Il ne l'a pas ouvert. Il a seulement écarté les pages du milieu et là, dans la fente ainsi pratiquée, il a planté une paille, tout juste sortie de sa poche. Sa bouche s'est mise à aspirer. Sur son visage, il y avait du plaisir comme si le livre contenait du jus d'orange et des glaçons. Il faut dire qu'il faisait très chaud ; un temps à ne pas s'aventurer dans une librairie.*

*J'ai poussé un petit cri de stupéfaction. Je sais, je n'aurais pas dû.*

*Aïe ! Je crois qu'il m'a entendu. Il a remis le livre à sa place, a rangé sa paille et s'est dirigé vers la sortie. Aussitôt, j'ai bondi de ma cachette pour examiner le livre dans lequel la paille s'était plantée. {...} Mais quand je l'ai ouvert, j'ai failli m'évanouir. Il était vide. Sur les pages, il ne restait pas le plus petit mot. L'étrange client avait bu toute l'encre du livre... »*

Éric Sanvoisin, *Le buveur d'encre*[1]

## De 7 à 9 ans

**Ils aiment bien :**
- Les histoires drôles ;
- L'école (les copains) ;
- Les histoires *crades* (jusqu'à 12 ans, adorent Pef et ses *mots tordus*) ;
- La sorcellerie ;
- Les pirates ;
- Les machines à remonter le temps ;
- L'aventure ;
- La préhistoire ;

>

---

1. Éric Sanvoisin, *Le Buveur d'encre*, série *Draculivre*, Nathan Poche (6-8 ans), 1996-2005.

- La famille (à condition que les parents soient hors normes, un peu foldingues) ;
- Les animaux (s'ils sont aussi à l'image des parents, hors norme) ;
- Enfin, ils commencent à s'intéresser au sexe, et c'est en bibliothèque, notamment, qu'ils se documentent sur le sujet.

**Ils aiment moins :**
- Les histoires de public handicapé ;
- Les histoires aux valeurs politiquement correctes ;
- Les histoires de maladie (sida… ce sont les instituteurs ou les parents qui choisissent des livres sur la maladie ou la mort).

## De 9 à 11 ans, *l'âge d'or* de la lecture : « J'aime l'aventure, les copains, avoir peur ! »

### L'ouverture au monde

C'est l'âge où l'enfant lit le plus volontiers. Ces lecteurs sont ouverts à tout ce qui les fait rêver, rire, frissonner. Même s'ils sont sensibles (et influencés) aux noms des auteurs ou aux genres à la mode, tout leur sied, sans souci des étiquettes. S'ils réclament de l'aventure, de l'humour, de l'amour, le monde contemporain les intéresse aussi. Peu à peu, les voilà qui entrent dans l'univers sans limite de la fiction. Les livres s'ouvrent à tous les thèmes désormais et ne font plus partie de séries.

La syntaxe et le vocabulaire sont plus riches, le nombre de mots par livre s'élève entre 15 000 et 30 000. L'intrigue, elle aussi, se complique, et le monde, en pleine complexité, en pleine évolution comme le lecteur, se précise entre les pages.

### Une éducation d'humanité

Un monde que l'auteur jeunesse va offrir à voir dans une histoire, fragment de vie, morceau d'homme, dans son quotidien et sa réalité sociale et culturelle. Une société où règnent les discriminations, les inégalités, les injustices. Une société à parfaire, jour après jour.

Ainsi, l'écrivain jeunesse, parce qu'il s'adresse à un enfant, s'inscrit dans un rôle pédagogique et idéologique. « *Les histoires aident à vivre, à se construire. Valoriser les différences de chacun, révéler l'enfant dans ce qu'il est profondément, affirmer, extirper les idées, les faire travailler, dépasser les préjugés, les cadres. Croire que tout est possible, croire en l'autre*[1] », rappelle Édouard Manceau.

Écrire pour les enfants, c'est œuvrer pour une société d'égalité. Dans son ouvrage sur l'écriture jeunesse, Pamela Cleaver, auteur anglaise, en rappelle les règles majeures lorsqu'elle aborde cette tranche d'âge particulière et sensible, à l'orée de l'adolescence : « *{...}*

- *Respectez la parité ;*
- *Faites en sorte que les chefs ne soient pas toujours des garçons ;*
- *Souvenez-vous que les parents doivent sortir de la maison pour travailler ;*
- *Que vos personnages soient tout autant noirs, blancs, métis… ;*
- *Dans la classe, il ne peut pas y avoir un seul enfant issu d'une minorité ethnique, c'est contraire à la réalité sociale, notamment s'il s'agit d'une école au sein d'un quartier déshérité ;*
- *Nous devons essayer d'écrire en toute impartialité sur toutes les sortes de conditions sociales et humaines qui nous entourent ;*
- *Ni vous en tant qu'auteur, ni vos personnages, ne doivent être dans une attitude protectrice ou condescendante ;*
- *Ne prêchez pas, ne moralisez pas. Vous écrivez une histoire et non un tract*[2] *!* »

Sans tomber bien sûr dans le politiquement correct…

Un exemple :

« *{...} J'ouvris les yeux. Il faisait aussi sombre que si c'était le soir, mais je n'étais pas à la maison. J'étais dans une grotte, une grotte qui*

---

1. Édouard Manceau, interview de novembre 2008.
2. D'après Pamela Cleaver, *Writing a Children's Book*, Writer's Bulletin, 2004-2008, p. 34.

*n'était pas la mienne. Je sentis également une odeur de fumée. J'étais allongé sur une natte et recouvert d'un drap jusqu'au menton. Je voulus m'asseoir pour regarder autour de moi, mais je ne pus bouger. J'essayai de tourner la tête : impossible. Je ne pouvais rien bouger à part les yeux. Je n'étais pas devenu insensible cependant. Des douleurs fulgurantes me transperçaient la peau, me vrillaient tout le corps, comme si j'avais été ébouillanté.*

*J'essayai d'appeler, mais je pus tout juste émettre un murmure. Alors je me souvins de la méduse. Tout me revint en mémoire. Le vieil homme se penchait sur moi, à présent, sa main sur mon front.*

*– Toi mieux maintenant, me dit-il. Mon nom Kensuké. Toi mieux maintenant.*

*Je voulus lui demander des nouvelles de Stella. Elle me répondit d'elle-même en fourrant le bout de son museau froid dans mon oreille.*

*Je ne sais combien de jours je suis resté là, entre veille et sommeil, tout ce que je sais c'est qu'à chaque fois que je me réveillais Kensuké était assis à côté de moi. Il ne parlait presque jamais, et moi-même je ne pouvais parler, mais le silence entre nous en disait bien plus que les mots. Mon ennemi d'hier, mon geôlier était devenu mon sauveur. Il me soulevait la tête pour verser du jus de fruit ou du bouillon chaud dans ma gorge. Il me faisait des compresses d'eau fraîche et, quand la douleur était si terrible que je criais, il me tenait la main et chantait doucement quelque chose jusqu'à ce que je me rendorme. {…} Le jour où je pus remuer de nouveau les doigts, je le vis sourire pour la première fois[1]. »*

Michael Morpugo, Le Royaume de Kensuké

## De 9 à 11 ans

**Ils aiment bien :**

- Les histoires d'horreur, la série des « Chair de poule », inusable ;
- Les histoires de pirates, de corsaires ;

>

---

[1]. Michael Morpugo, *Le Royaume de Kensuké*, Gallimard Jeunesse, coll. « Folio Junior », 2007, extrait du chap. 7, « Ce que le silence dit » (à partir de 10 ans).

> 
- Les policiers ;
- Le fantastique (la nouvelle tendance, l'uchronie) ;
- Le roman historique (ils adorent les intrigues) ;
- Les livres qui les transportent dans d'autres pays, d'autres vies.

**Ils aiment moins :**
Les romans qui tournent autour de l'école… ;
Tout ce qui concerne la vie quotidienne, ils recherchent l'évasion.

## De 11 à 13 ans, le passage de l'enfance à l'adolescence : « Je veux des histoires vraies ou m'évader »

### *Livres jeunesse, livres adultes, tout se lit !*

À cet âge, la curiosité est immense. L'adolescent va prendre au hasard de ses rencontres tout ce qui va lui servir à affirmer son identité, sa construction. À partir de 11-12 ans, les bons lecteurs commencent à lire des livres pour adultes, tout autant que les livres qui leur sont destinés : Anna Gavalda, Marc Levy, Mary Higgins Clark, Éric Emmanuel Schmitt, Stephan King… Ces derniers ne sont d'ailleurs pas forcément plus courts que les romans jeunesse, voire plus littéraires, en regard de *À la croisée des mondes*, par exemple, de véritables pavés pour le plus grand bonheur des jeunes comme des adultes.

La connaissance du monde est plus large, celle de la langue aussi. Désormais, les lecteurs peuvent aborder des textes plus complexes, tant au niveau de la psychologie des personnages que de la syntaxe, du lexique et de la forme narrative. Les ouvrages se présentent principalement en format poche (95 % de la littérature de jeunesse de fiction), le corps de la typo se rétrécit (corps 10), l'interlignage aussi, le nombre de mots varie de 20 000 à 40 000.

### *Des formes narratives plus complexes*

Le récit peut se dérouler de la façon la plus simple : linéaire, chronologique, du début à la fin de l'histoire. Il peut aussi, à la façon des contes, s'organiser en boucle : l'histoire débute dans un lieu et un temps donné, le héros part à l'aventure, on le retrouve à la fin au point de départ. Ou bien, à l'envers : le narrateur se souvient de son aventure, ou raconte ce qui est arrivé, et déroule l'histoire qui vient de s'achever. On rencontre aussi des histoires qui démarrent aux trois-quarts de l'action. Le narrateur va nous raconter comment il en est arrivé là, puis, le dernier quart du récit sera vécu « en direct ». Le récit peut aussi commencer dans un cadre donné, puis basculer dans un autre récit, pour revenir à la fin de l'histoire dans le cadre de départ, telle *Alice au pays des merveilles*. Un autre dispositif encore : une même histoire, racontée par plusieurs narrateurs, chacun donnant sa version d'une même réalité. Le récit peut aussi être le fait d'un narrateur différent, chapitre après chapitre, comme dans *L'Enfant océan* de Jean-Claude Mourlevat. C'est au lecteur alors de reconstituer l'histoire.

On cite souvent l'exemple de *Ipon* de Jean-Hugues Oppel au dispositif narratif un peu complexe pour un lecteur moyen : le récit s'organise en chapitres racontés par un enfant dans lesquels alternent des événements dramatiques se déroulant dans une maison. Parallèlement, se déroule le récit de la vie de ses parents, dans un décor complètement différent, à mille lieux d'imaginer ce que vit leur enfant.

Une même histoire peut être aussi racontée par plusieurs narrateurs, chacun racontant sa version d'une même réalité. Ou bien on trouve encore des récits alternés, comme c'est le cas dans *Quatre filles et un jean*, de Ann Brashares. Un narrateur nous fait le récit alternativement de quatre héroïnes, dans un même temps mais sur des lieux différents pour chacune. À l'intérieur de ces récits croisés, les voix épistolaires des héroïnes croisent elles aussi la voix du narrateur (voir le chapitre point de vue). Je vous en livre ici quelques extraits assortis de notes de lecture pour que vous puissiez apprécier la complexité de la forme narrative, si vous ne connaissez pas déjà ce best-seller.

> [Dans ce chapitre, le narrateur est en train de nous raconter Carmen, l'une des quatre héroïnes, laquelle regarde par la vitre son père avec sa nouvelle amie.]

« *La colère bouillonnait dans le ventre de Carmen, elle ne pouvait la contenir. Elle descendit sur le perron en courant, ramassa deux petits cailloux. Ses gestes n'étaient plus commandés par sa raison. Mécaniquement, elle remonta les marches et tendit le bras en arrière. La première pierre rebondit sur le cadre de la fenêtre. La deuxième passa à travers la vitre. Elle entendit le verre se briser puis elle vit le caillou frôler la tête de Paul, cogner dans le mur du fond et finir sa course aux pieds de son père. Elle resta juste le temps de le voir lever la tête et apercevoir sa fille entre les éclats de verre brisé. Le temps qu'il comprenne que c'était elle et qu'elle avait vu qu'il l'avait vue et qu'ils savaient tous les deux.*

*Puis elle s'enfuit.*

[Juste après un seul saut de ligne intervient une lettre de Bee, troisième héroïne, qui écrit à Tibby, une deuxième héroïne.]

*Tibby*

*J'adore prendre ma douche en plein air. J'adore regarder le ciel. Je préfère même aller aux toilettes dans la nature plutôt que de m'enfermer dans un de ces affreux petits chalets. J'ai retrouvé ma sauvagerie primale (c'est ce qu'on dit ?). L'idée même d'une cabine de douche me rend claustrophobe. Tu crois que ça gênerait les voisins si, en rentrant, je décidais de faire mes besoins dans le jardin ? Ha, ha, ha ! Je blaaague !*

*Je pense que je ne suis pas faite pour vivre dans une maison.*

*Bisous*

*Bee, l'amoureuse de la nature*

[À la suite, le narrateur enchaîne sur le personnage de Lena, quatrième héroïne.]

*La dame de la boulangerie expliqua à Lena comment aller à la forge et lui donna un paquet de gâteaux.*

*- Andio, belle Lena.*

*Tout le monde la connaissait dans le petit village, maintenant. Pour les gens du coin, elle était devenue la "belle"...*[1] »

Ann Brashares, *Quatre filles et un jean*

---

1. Ann Brashares, *Quatre filles et un jean*, Gallimard Jeunesse, 2002.

Et pour terminer voici un extrait de roman historique :

> « – Antoine, ta fille a presque quatorze ans, et elle travaille toujours pas ! À son âge, mes enfants gagnaient déjà leur pain depuis longtemps. Ma parole, tu vas la nourrir à rien faire jusqu'à ses épousailles !
> Augustine, la femme de Gaspard Lebon, s'était plantée devant Antoine, ses grosses mains rouges bien ancrées sur les hanches.
> – J'ai appris que la marquise de Montespan cherche des servantes. C'est une chance d'entrer au service de la favorite ! Chez elle, ta fille verra le roi tous les jours ! Gaspard et moi, comme tous ceux qui travaillent aux jardins, on se dit que ta Marion est bien capable. Pense donc ! Une fille de jardinier qui sait lire et écrire ! C'est sûr que tu es un bon père, mais tu devrais pas la laisser traîner dans le parc, habillée comme un garçon, à ramasser les mauvaises herbes. C'est pas comme ça que tu vas réussir à la placer !
> Antoine avait regardé Augustine droit dans les yeux :
> – Elle ramasse pas des mauvaises herbes. Elle herborise[1] ! »
>
> Annie Pietri, *Les orangers de Versailles*

## De 11 à 13 ans

**Les filles aiment bien :**
- Les histoires de chevaux (*Flamme* de Walter Farley) ;
- Les histoires d'amour (à condition que les filles leur ressemblent et qu'elles soient dotées d'un trait d'humanité) ;
- Les séries « Grimoire et Rubis » sur fond de Moyen Âge (on y trouve des recettes de sorcières qui sont prises très au sérieux) ;
- Les histoires d'école et de collège (roman miroir) ;
- Les romans historiques ;
- La *fantasy* ;
- Le fantastique ; en ce moment (fin 2009), les histoires de vampires ;
- Les romans de guerre ;
- Les récits qui témoignent de la condition féminine de par le monde ;
- Et, aussi, les livres grand public et tendance en littérature générale.

>

---

1. Annie Pietri, *Les Orangers de Versailles*, Bayard, 2000.

> **Les filles aiment moins :**
- Les romans d'aventure (les Jules Verne, *L'Île au trésor* de Robert Louis Stevenson) ;
- Les livres vieillis et sentimentaux (*Sans famille* d'Hector Malot).

**Les garçons aiment bien :**
- Le fantastique (*À la croisée des mondes*) ;
- Les romans historiques (mais, à la différence des filles, ils veulent des « histoires vraies » et apprécient particulièrement l'Antiquité, avec ses pharaons, ses gladiateurs, ses villes devenues mythiques, Pompéi…) ;
- Les romans ou les documentaires sur le foot, le sport ;
- Les BD, les mangas (le genre BD en général) ;
- La *fantasy* ;
- Les chevaliers (*Lancelot*), un thème qui monte fin 2009 ;
- Le polar (genre en hausse) ;
- La science-fiction (en hausse, fin 2009, notamment les classiques du genre).

**Les garçons aiment moins :**
- Jules Verne (le rythme les ennuie) ;
- Les Alexandre Dumas.

## De 13 à 15 ans et plus… les ados : « Je veux me (re)trouver »

### *Le secteur jeunesse le plus dynamique*

Le roman pour adolescents est le secteur le plus récent et le plus dynamique de la littérature jeunesse depuis les années quatre-vingt-dix. En qualité d'écriture ou en thèmes traités, rien ne le différencie d'un roman de littérature générale, si ce n'est son classement en littérature jeunesse.

Les procédés narratifs sont complexes, les styles riches et diversifiés et si l'écriture peut paraître plus simple dans son ensemble (emploi des temps grammaticaux, choix des mots, syntaxe), c'est davantage en termes d'actualisation de la langue, – moins de mots rares, de conjugaison désuète, davantage de rythme – que d'une volonté de simplification.

### **Psychologie et liberté de parole**

Selon Daniel Delbrassine[1], une des caractéristiques principales, aujourd'hui, du récit à l'adresse des adolescents est qu'il se fonde sur la psychologie du narrateur-héros (au *je*, ici et maintenant). Il s'agit de vivre les péripéties intérieures du narrateur, placé en situation de confidences, ce qui renforce l'illusion de la proximité, jusqu'à la résolution du conflit intérieur/extérieur (les deux allant souvent de pair). Aucun sujet, désormais, n'est tabou, sauf ceux qui menacent l'idéologie ou la santé publique, comme les cigarettes, l'alcool (*cf.* en annexe « La déclaration des droits de l'enfant »). Les thématiques traitées répondent aux questions des adolescents, et, bien évidemment, l'amour et le sexe occupent une place importante.

> *« Bien sûr, elle ne sait pas ce qui m'est déjà arrivé. Elle croit que je suis encore vierge, et c'est vrai que je le suis, sans doute. D'un point de vue technique, je veux dire. J'ai fait pas mal de trucs avec des garçons au fond des salles des cinémas I et II du centre commercial, et à l'arrière des voitures et avec d'autres encore, comme le type des CD, mais je suis jamais allée jusqu'au bout. Depuis quelque temps, j'essaie de comprendre ce que c'est que l'amour, et la différence entre le sexe et l'amour et cet autre truc qu'on appelle le désir. Je crois qu'un de mes profs était amoureux de moi mais il m'a jamais touchée[2]... »*

Robert Cormier, De la tendresse

Les romans n'écartent pas le sujet de la violence ni de la mort, et l'édition contemporaine pour la jeunesse, dans sa volonté de dénoncer la maltraitance, par exemple, est allée très loin dans le réalisme :

> *« Dès que je tourne la tête, des élancements me brûlent comme des flammes. J'ai mal. Partout. Il ne me touche jamais devant les autres.*

---

1. Daniel Delbrassine, *Le roman pour adolescents aujourd'hui, op. cit.*
2. Robert Cormier, *De la tendresse*, L'École des loisirs, coll. « Médium », 1999.

*Cette fois, il ne s'est pas donné la peine d'éviter mon visage. Il y est allé de bon cœur, n'épargnant aucune partie de mon corps, à coups de poing, à coups de pied {...}[1]. »*

Elisabeth Laird, Les Coups durs

## Une littérature humaniste

Les adolescents sont aussi sensibles aux sujets de société, avec en sous-thèmes, par exemple, être enceinte à 16 ans, l'anorexie, la religion (pour les enfants d'émigrés), le suicide, l'obésité... On trouve aussi des thèmes rares, comme dans *Accroche-toi Sam* de Margaret Descartes, l'histoire d'un très jeune garçon qui se retrouve père d'un petit garçon. Qui va garder l'enfant ? Ce roman s'interroge sur les nouveaux rôles des garçons, de leur sexualité, du regard des autres. Un thème que l'on retrouve dans *Celui qui aimait les bébés*, l'histoire d'un jeune qui décide de s'occuper de bébés. Enfin, le roman contemporain à l'adresse des adolescents peut être qualifié de « littérature engagée ». Les textes qui traitent des deux dernières guerres mondiales, aujourd'hui, adoptent tous une position idéologique pacifiste :

*« Maman commença par ne rien dire. Elle restait très calme, me regardant comme si j'étais une étrangère.*

*– Tu as aidé un déserteur ? dit-elle pour finir, le visage pâle. {...} Alors que ton propre frère se battait pour son pays à l'étranger ?*

*– Oui, dis-je, c'est ce que j'ai fait. Et je ne le regrette pas[2]. »*

Marie Downing Hahn, Résistance

---

1. Elisabeth Laird, *Les Coups durs*, Flammarion Jeunesse, 2003 (quatrième de couverture) citée par Daniel Delbrassine, *Le roman pour adolescents aujourd'hui, op. cit.*, p. 318.
2. Marie Downing Hahn, *Résistance*, L'École des loisirs, coll. « Médium », 1999, cité par Daniel Delbrassine, *ibid*.

### *Écrire, quelle responsabilité ?*

Nombreux, cependant, sont les auteurs qui avouent l'autocensure, consciente ou inconsciente, même s'ils traitent avec brio de thèmes délicats. A-t-on le droit de tout dire ? Le débat est vif autour de certaines parutions, qui se sont même vues, en 2005, dans l'obligation de spécifier un interdit de lecture au moins de 15 ans. De fait, quelle responsabilité prend l'auteur quand il parle aux ados ? On peut parler de tout, mais tout dépend comment. Il faut s'efforcer d'être juste par rapport au propos, et c'est à l'auteur de se positionner : tout dire, oui, mais jamais gratuitement. Il faut que l'auteur ait quelque chose à transmettre, et qu'il sache en prendre la bonne distance. Il faut aussi éviter de faire du « fabriqué ». Un sujet *fashion*, oui, mais s'il s'inscrit profondément dans un courant de sens. Les jeunes lecteurs sont exigeants, et c'est tant mieux. Ce sont eux qui choisiront en dernier lieu et sauront prendre ce qui leur est nécessaire à un certain moment de leur construction. En cela, les romans pour les adolescents s'inscrivent comme des romans de formation.

### *Le drôle, le décalé… Un ton à développer*

Ceci dit, si les auteurs français ont fait leurs preuves en matière de littérature jeunesse face aux Anglo-Saxons et aux Scandinaves, il leur reste peut-être encore à se décomplexer, se libérer tout à fait quant aux exigences de la qualité. De fait, la liberté d'écriture est plus grande dans les pays anglo-saxons, tant au niveau du *style* que des thèmes abordés. C'est une littérature sans tabous, d'une plus grande fantaisie, aucunement moralisatrice.

Ainsi, osez le décalé, l'inattendu, le politiquement incorrect ! Soyez dans l'humour, la distance, la dérision face à la rigidité, à l'étroitesse où qu'elles se trouvent ! Sans vous départir jamais de votre esprit critique, et toujours avec, en fond, la bienveillance. Celle d'apporter du bonheur au lecteur ! Trop de récits pour adolescents en France – et serait-ce une tendance littéraire toute hexagonale ? – mettent en scène des univers tristes, angoissés. L'humour, la fantaisie ne sont-ils pas salutaires ? Ils permettent l'évasion, favorisent la distance, ce besoin d'une certaine hauteur quand la vie joue des tours. Si vous

vous sentez dans cette veine d'humour et de gaîté, n'hésitez pas ! Elle est très attendue !

### 13 ans et plus…

**Les filles aiment bien :**
- Les histoires d'amour ;
- Les biographies ;
- Le fantastique ;
- Les nouvelles, les essais ;
- Les romans miroirs et ceux sur l'actualité ;
- Tous les livres qui peuvent répondre aux questions des publics d'enfants d'émigrés : la religion, être enceinte…

**Les filles aiment moins :**
- La *fantasy*.

**Les garçons aiment bien :**
- Les histoires qui traitent du sport ;
- Les aventures (découvertes d'une contrée éloignée, voyages…) ;
- Le fantastique ;
- Les policiers ;
- Les histoires vraies ;
- Les romans de guerre.

**Les garçons aiment moins :**
- Les romans sentimentaux (« c'est pour les fifilles… »).

# 3

# De l'univers du merveilleux au documentaire

Comme vous l'avez lu plus haut, la littérature jeunesse s'organise selon trois grandes catégories : les albums, les documentaires et les romans, eux-mêmes classés par catégories d'âge, mais aussi par genre : merveilleux, science-fiction, *fantasy*, polar, histoires de vie, roman historique… À l'intérieur de ces genres, se dessinent deux courants majeurs :

- Les histoires qui relatent des « choses » qui n'existent pas : l'univers du merveilleux ;
- Les histoires tirées du réel : l'univers réaliste.

## Les histoires qui n'existent pas : l'univers du merveilleux

Contes de fées, *fantasy*, fantastique, science-fiction… Ces dernières années, l'univers du merveilleux est le grand favori des jeunes lecteurs. À l'intérieur, on peut distinguer trois catégories :

- Celle où l'action se déroule dans un monde enchanté ;
- Celle où l'action se déroule dans deux mondes parallèles (réels ou fabuleux) ;

- Celle, enfin, où l'action se déroule dans le monde réel[1].

Selon les chercheurs, les frontières entre les différents genres de l'univers du merveilleux sont parfois floues, s'interpénétrant l'une en l'autre en quelque sorte : la *fantasy* contient des éléments du fantastique et du conte de fées ; le fantastique, ceux du *fantasy*… Un débat qui n'a pour nous ici aucune importance, le principal étant d'écrire !

## Le conte de fées : un voyage initiatique au pays du merveilleux

Il s'adresse la plupart du temps aux plus jeunes lecteurs, mais rien n'empêche les plus grands de vivre le plaisir – et la consolation – qu'il apporte ! Le conte merveilleux, forme la plus connue, est issu de la tradition orale et s'inscrit dans le genre du récit. Comme la nouvelle, c'est un récit court où l'action, menée rapidement, ne néglige pas pour autant les descriptions. Par définition, le conte est une histoire fictive.

Les contes de fées commencent généralement par « il était une fois », formule magique qui ouvre l'histoire. Leur parole symbolique nous entraîne dans un voyage initiatique, celui d'un héros qui, pour entrer de plain-pied dans sa propre vie, grandir, a besoin de se détacher de son quotidien et d'éprouver ses forces au dehors. Ainsi en est-il du très célèbre Harry Potter, dont l'histoire appartient à l'univers des contes de fées. Les personnages qui sont mis en scène incarnent des figures symboliques propres à cet univers, l'histoire se jouant entre le monde réel (d'où elle prend racine) et le monde fantastique des sorciers, de la magie. Dans ce conte moderne, pas de morale comme jadis, mais plutôt des leçons de vie et de valeurs.

Comme nous le verrons plus loin, parce qu'ils mettent en scène des personnages archétypaux et une structure commune à tous, les contes de fées parlent à l'inconscient des enfants et de chacun d'entre nous. Les personnages rencontrés sont souvent nommés par leur fonction et non par leur nom : la princesse, le roi, l'ogre, la sorcière… La magie,

---

1. *Cf.* Ganna Ottevaere van Praag, *Le roman pour la jeunesse, op. cit.*

le merveilleux appartiennent intrinsèquement à l'univers des contes, un univers dans lequel le temps et le lieu sont indéterminés.

## La fantasy[1] : à la croisée du merveilleux et du fantastique

L'*heroic fantasy* est l'un des genres les plus en vogue de l'imaginaire fantastique. Ses origines remontent aux récits mythologiques de l'Antiquité, tels *L'Odyssée* ou les romans merveilleux du Moyen Âge, comme les légendes arthuriennes. Il ne semble pas exister de définition arrêtée de l'*heroic fantasy*. Selon les chercheurs, elle serait un sous-genre de la littérature fantastique ou du conte merveilleux, comme le célèbre *Alice au pays des merveilles*. En français, on appelle communément « fantastiques » tous les textes appartenant au genre anglo-saxon de la *fantasy*, comme ceux de John Ronald Reuel Tolkien, alors qu'ils font partie du domaine du merveilleux. Depuis 2007, le terme « fantasie » est adopté par le *Journal Officiel* comme équivalent du mot *fantasy* en anglais, ainsi que sa définition : « *Genre situé à la croisée du merveilleux et du fantastique, qui prend ses sources dans l'histoire, les mythes, les contes et la science-fiction.* »

Quoi qu'il en soit, les romans de *fantasy* se déroulent tous dans des univers de rêve, recoins oubliés d'un monde passé ou avenir mythique, mondes parallèles... Un univers peuplé de créatures imaginaires, magiciens, fées, chevaliers, avec leurs mythes, leurs épopées et leur magie. Et dans lequel les valeurs de l'héroïsme sont souvent exaltées, la nature, préservée, le sacré, omniprésent.

Les sous-genres de la *fantasy* sont nombreux et leurs définitions difficiles à fixer, car les différentes caractéristiques se chevauchent. On parle ainsi de médiéval-fantastique ou de *fantasy* médiévale quand les récits présentent des univers mythiques de type médiéval ou antique, où cohabitent généralement héros, super-héros, guerriers, magie et sorcellerie, cultures anciennes et éléments surnaturels. Le monde donné à voir est un monde haut en couleurs, conçu avec minutie, régi par ses lois propres. Il est si précisément construit qu'il semble réel.

---

1. La *fantasy* : de l'anglais *fantasy*, imagination.

Le plus fameux exemple est bien évidemment *Le Seigneur des anneaux* de John Ronald Reuel Tolkien.

## La fantasie en France : le retour d'un genre

Elle a existé en France avec les épopées antiques, les chansons de geste (telle *La Chanson de Roland*) et ce jusqu'au XVII$^e$, notamment avec les *Contes* de Perrault. Si ce genre est resté profondément ancré dans les pays anglo-saxons, il n'a ressurgi que récemment en France, dans les années quatre-vingt-dix, avec le jeu *Donjons et Dragons*, bien anglo-saxon évidemment. Par les mondes parallèles qu'il met en place, *Harry Potter,* classé dans le genre merveilleux du conte de fées, est à l'origine de son renouveau en France.

Ces dernières années, la fantasie a supplanté le fantastique et l'horreur, lesquels ont tendance à revenir maintenant sur le devant de la scène. Citons comme auteurs jeunesse français de fantasie Pierre Bottero, avec la trilogie *La Quête d'Ewilan* ou Érik L'Homme, *Le Livre des étoiles*.

## Le fantastique : quand le surnaturel bouleverse le réel

Selon la définition communément admise, le fantastique est un genre littéraire fondé sur la fiction. Il met en scène l'intrusion du surnaturel, de l'inexplicable, de l'insolite dans un cadre réaliste. Ce cadre, connu du lecteur et du héros, les plonge chacun dans un monde emprunt d'une « inquiétante étrangeté », pour reprendre l'expression de Sigmund Freud[1].

Le fantastique est souvent lié à une atmosphère particulière, génératrice de peur, d'angoisse, tant du côté du héros que du lecteur. Le réel devient alors la proie des vampires, fantômes et créatures étranges de l'au-delà… Mais le fantastique n'est pas toujours lié à l'angoisse. S'il met en scène l'intrusion du surnaturel, de l'insolite dans le monde réel, l'histoire peut être surprenante, certes, mais aussi pleine d'humour, voire de poésie.

---

1. *In L'inquiétante étrangeté et autres essais.*

# De l'univers du merveilleux au documentaire

## La science-fiction : « l'irrationnel acceptable »

On considère souvent le fantastique comme très proche de la science-fiction. Néanmoins, une différence importante les sépare : pour reprendre les termes de Christian Grenier, auteur de science-fiction, ce genre, fondé sur la fiction, peut se définir comme le domaine de « *l'irrationnel acceptable* », en regard du fantastique qui, lui, relèverait de « *l'irrationnel inacceptable* ». De fait, la science-fiction, contrairement au fantastique, situe son récit dans un contexte qui n'est pas contemporain au lecteur. Les événements, qui semblent irrationnels à un lecteur actuel, sont justifiés de manière scientifique et obéissent à des lois spécifiques. En général, des faits qui seraient découverts par la science future et qui traduisent les préoccupations de l'auteur et de son époque (récits d'anticipation, comme ceux de Jules Verne ou de Herbert George Wells, précurseur de la S-F). Ou, encore, ce que serait le monde s'il avait évolué autrement, thème de l'uchronie[1].

Les œuvres dites de science-fiction sont d'une extrême diversité ; si leur point commun le plus flagrant semble être, en effet, d'ordre thématique, la profusion de sujets et de perspectives depuis les années 1960 ne permet pas de les classer facilement selon les sous-genres et les thèmes abordés.

## Les grands thèmes de l'univers du merveilleux

Après ce petit rappel des différents genres dans lesquels vos récits peuvent s'inscrire, voici quelques thèmes courants que l'on retrouve dans la littérature jeunesse[2]. Ingrédient majeur : une bonne dose d'inventivité !

- **Histoires de mondes imaginaires.** Il s'agit là d'inventer un monde de A à Z, comme ceux de Tolkien dans *Le Seigneur des anneaux*, cartes du ou des pays à l'appui, organisation sociale, culturelle, politique... Ne soyez pas trop compliqué cependant, il faut que le lecteur puisse se référer à ce qu'il connaît déjà afin

---

1. Wikipédia : « *Genre qui repose sur le principe de la réécriture de l'Histoire à partir de la modification d'un événement du passé.* »
2. D'après Pamela Cleaver, *Writing a Children's Book*, op. cit.

de rentrer dans vos mondes. Ainsi, tout n'est pas forcément à inventer, on peut glisser çà et là des êtres déjà connus mais dont le rôle et la fonction diffèrent du monde réel (pensez aux ours en armure de *À la croisée des mondes*, des institutions, des plantes…).

- **Histoire de mondes parallèles.** Les histoires démarrent dans le monde réel, qu'il faut construire solidement, puis les personnages entrent dans un autre monde : *Harry Potter*, *À la croisée des mondes* de Philippe Pullman, *Les Mondes de Narnia* de Clive-Staples Lewis, par exemple, pour citer les plus connus.

- **Du monde réel au monde imaginaire.** L'histoire démarre dans le monde réel puis entre dans une autre réalité, parfois pour ne plus en sortir, parfois en allers et retours.

- **Histoires de voyages à travers le temps.** Aller dans le futur ou retourner dans le passé… Un thème toujours prisé par les jeunes lecteurs (et les anciens, aussi) et qui permet d'acquérir, mine de rien, des connaissances soit historiques, soit technologiques sur fond d'exotisme. Telles ces histoires de retours aux temps préhistoriques, avec nombre d'affreux tyrannosaures, ou celles de machines bricolées à remonter le temps (à réactualiser constamment !).

- **Les histoires de robots.** Les robots sont entrés dans la vie des enfants et les fascinent moins qu'autrefois, semble-t-il. Mais, avec les prouesses de la technologie, de nouveaux rôles et de nouvelles fonctions peuvent les vouer à quelques romanesques épopées. À suivre…

- **Les histoires de magie.** Un monde de tous les jours où s'insinue, ici ou là, un brin de magie. Enfant surdoué sachant manier des mixtures délicates ou objets aux pouvoirs magiques qui bouleversent la marche tranquille du réel.

- **Les histoires d'horreur et de fantômes.** À partir de 8, 9 ans, les enfants en raffolent, mais il faut rajouter une touche d'humour pour ne pas les traumatiser ! Plus les cheveux se dressent sur la tête, meilleur c'est ! La série des *Chair de poule* est emblématique du genre. Pour les plus grands, vampires et revenants en tout genre.

## Les histoires qui pourraient exister (ou tirées du réel)

En voici quelques exemples :

- **Les histoires sentimentales.** Des histoires de filles, encore, diraient les garçons. D'autant qu'elles constituent souvent des séries. Bien au-delà de l'histoire d'amour, la psychologie est souvent bien vue, et l'humour et les larmes au rendez-vous.

- **Les histoires de famille.** Elles permettent au lecteur de dédramatiser sa propre histoire de famille, chacun pouvant s'identifier au travers de personnages hyperréalistes ou caricaturaux, parfois.

- **Les histoires d'anarchie.** Une famille normale, *a priori*, mais tout est hyperbole, exagéré à l'extrême, subversif. Les mondes de Roald Dahl en sont un fameux exemple. Les enfants raffolent de personnages outranciers qui bouleversent les bonnes valeurs traditionnelles, tel Anthony Horowitz, dans *Satanée Grand-mère*.

- **Les histoires de la réalité sociale.** Le racisme, la pauvreté, l'exclusion, le viol, la sexualité, homosexualité incluse, la guerre… autant de thèmes sensibles.

- **Les histoires d'école.** C'est tout de même à l'école que les enfants passent les trois quarts de leur temps… Mais, pour situer votre action dans ce cadre, soyez sûr de vous quant aux programmes scolaires, jusqu'à ce qui se trame dans les coins sombres de la cour de récré… Ainsi, les trafics en tout genre font fureur. J'en connais qui échangent leur dent de lait contre une série de Pokémon (non sans avoir auparavant raflé la mise de la petite souris…).

- **Les histoires pour les plus jeunes centrées sur des problèmes courants.** À l'adresse des plus jeunes, souvent, elles concernent les règles de vie en société : la colère, la politesse, la nourriture, l'autonomie… Mais racontent aussi les difficultés plus ou moins grandes que vivent les enfants dans certaines situations : la jalousie face à l'arrivée du petit frère ou de la petite sœur alors que l'on se croyait le roi, un déménagement, un divorce, la peur du noir, le premier jour d'école, la mort, les premiers émois sexuels…

- **Les histoires policières.** Pas facile d'écrire des polars pour les enfants quand on est un auteur adulte… Les enfants connaissent bien les ficelles du genre, il faut savoir les adapter à leur univers. Le polar plaît en tout cas, et les préados vont les chercher directement en bibliothèque à la section adulte.
- **Le roman historique :** En dehors des modes, par sa spécificité même, il a toujours eu ses lettres de noblesse et conquiert aujourd'hui de plus en plus de lecteurs. Les romans historiques fonctionnent eux aussi souvent en série, et les héros, quand ils ne sont pas figures légendaires, sont bien sûr des enfants, psychologiquement identiques à tous les enfants.

### Le roman historique : raconter des histoires dans l'Histoire, interview d'Annie Pietri[1]

*« J'ai commencé à écrire au printemps 1996. J'étais orthophoniste, à cette époque, et les livres de littérature jeunesse que j'utilisais en rééducation avec mes petits patients m'ont donné envie d'écrire. J'ai une grande passion pour le château de Versailles et son histoire, j'avais envie de la partager.*

*Des milliers d'idées naissent de cette passion. Toutes ne peuvent pas faire un livre, mais certaines méritent d'être creusées. Pour moi, c'est surtout l'époque qui va déterminer le récit. J'invente une histoire, une fiction, que je place sur une toile de fond, c'est-à-dire un contexte historique, avec un décor au plus près de la réalité de l'époque. Les personnages historiques ayant réellement existé ont leur importance, mais ils n'interviennent que pour les besoins de mon histoire. En quelque sorte, ils font partie du décor et se mélangent aux personnages de fiction que j'ai inventés pour donner vie à mon roman.*

>

---

[1]. Annie Pietri, auteur jeunesse (dont la série *Les orangers de Versailles*), interview, août 2009.

> *Je n'écris pas de roman historique pour faire un cours d'histoire ! Je ne me sens investie d'aucune mission, je n'ai pas cette prétention. Je raconte des histoires, ce n'est pas du tout pareil. Beaucoup d'éléments sont véridiques dans mes livres. Mais chacun est libre de s'y intéresser et de chercher à en savoir plus, ou pas... La recherche documentaire constitue évidemment une part très importante de mes récits. Sans documentation, pas de roman historique possible. Je crois que c'est aussi simple que ça. Les recherches s'inscrivent au fil de l'écriture, c'est indissociable. Elles sont parfois fastidieuses, mais le doute est ma principale difficulté. Mon histoire est-elle bonne ? Intéressante ? Vais-je arriver à tenir le cap ? À terminer le roman ?*
>
> *Concernant le style, je ne peux pas écrire exactement comme au XVII$^e$ siècle ! D'abord je ne saurais pas, et ce serait parfaitement indigeste pour les lecteurs. Mais je fais un travail de recherche en étymologie, de manière à respecter la langue de l'époque. Quand un mot me paraît un peu trop « moderne », je vérifie s'il était bien employé au XVII$^e$ siècle. S'il ne l'était pas, j'en cherche un autre, un synonyme qui avait cours en ce temps-là. Je procède de la même façon pour les prénoms de mes personnages. Pas question d'avoir un Kévin ou une Vanessa à l'époque de Louis XIV !*
>
> *Ce qui plaît à mes lecteurs ? Ils sont souvent passionnés par Versailles, se retrouvent dans les personnages, ont été émus par leur sensibilité, les sentiments, l'envers du décor... Le plus souvent, ils racontent avoir accompli un voyage qui les a fait rêver. Leurs réactions me touchent énormément.*
>
> *Il n'existe aucune règle, aucune recette pour écrire un roman historique, je crois qu'il faut seulement aimer raconter des histoires dans l'Histoire, qu'une époque vous passionne. Il faut aussi consacrer du temps aux recherches, aimer se perdre dans les livres, c'est tellement agréable de découvrir des éléments nouveaux ! Et puis, pour écrire, il faut aimer les mots et en jouer. »*

## Entre réel et merveilleux : les histoires d'animaux

Tantôt héros de l'univers du merveilleux, tantôt héros d'histoires tirées du réel, les animaux occupent une place prépondérante dans la littérature jeunesse, comme dans la vraie vie auprès des enfants. Autrefois, dans les contes et les fables, les animaux parlant illustraient les vices et les vertus des hommes en prise avec un monde dur et cruel. Aujourd'hui, notamment avec la disparition des espèces, l'animal est souvent présenté comme l'habitant d'un éden menacé, supérieur à l'homme dans ce qu'il a de meilleur.

Les animaux dans les récits pour enfants sont des êtres que rien ne peut atteindre, tant ils sont purs, forts, et « *si les humains ne se mêlent pas de leurs affaires, ils s'en tirent très bien* ». Ainsi permettent-ils de caricaturer la société humaine[1].

- **Les familles d'animaux.** Les albums et les livres illustrés sont remplis d'histoires d'animaux, surtout à l'intention des enfants de 5 à 7 ans. Mais ce sont des animaux qui sont à l'image du monde des humains. Ils vivent, ressentent et parlent comme des enfants et/ou des hommes. Les séries sont nombreuses, du fameux Babar à Petit Ours brun. Choisir pour héros un animal permet à l'enfant de s'identifier plus facilement. De plus, un animal humanisé devient d'emblée un personnage symbolique qui échappe à toute notion de race, de couleur, de milieu. La maman ours, le papa ours, le bébé ours… La famille symbolique est au complet et peut vivre des aventures auxquelles l'enfant peut s'identifier sans danger. Ainsi, parce que ce sont des animaux, ils peuvent vivre de grandes aventures impossibles pour des humains, se mettre dans des situations domestiques incroyables, oser démesurément ce qu'un héros-enfant ne pourrait faire. Ils déambulent dans un monde à mi-chemin entre le réel (la maison, la famille, ses lois domestiques et sociales) et l'imaginaire. À travers eux, qui font figure d'exemple, l'enfant se reconnaît, apprend.

- **Les animaux dans le monde de la *fantasy* ou du fantastique.** Dans les contes de fées ou le monde purement merveilleux, les animaux possèdent des pouvoirs qui dépassent leurs conditions animales. Ils peuvent dialoguer avec les hommes en langage humain, ou bien exercer volontairement sur eux un pouvoir faste ou néfaste (dans la S-F, notamment, si l'on songe au classique *Alien*). Ils ont aussi parfois des pouvoirs magiques bien supé-

---

1. Ganna Ottevaere van Praag, *Le roman pour la jeunesse, op. cit.*

rieurs aux humains (l'ours de *À la croisée des mondes* ou, parmi tous les contes, le célèbre *Poisson d'or*).

- **Les animaux mi-réels, mi-fantastiques.** Ils vivent dans leur monde naturel, à côté des humains, bavardent entre eux mais ne sont pas compris et entendus des humains.
- **Les histoires d'animaux dans leur milieu naturel.** Ce sont des histoires *réalistes*, qui nous montrent la vie de l'animal dans son milieu sauvage, sa recherche de la nourriture, *sa famille*, ses démêlés avec ses prédateurs… Elles ne sont pas traitées comme des documentaires, qui peuvent être aussi scénarisés, mais comme des histoires. Aussi, elles ne sont pas faciles à traiter car, même bien documentées, la première règle, il est difficile pour le narrateur de ne pas attribuer des émotions et des sentiments qui sont vraisemblablement étrangers aux animaux. Dans un monde où bien des espèces sauvages sont en voie de disparition, c'est un sujet auquel les enfants sont particulièrement sensibles.
- **Les histoires d'animaux domestiques.** Un enfant (plutôt jeune) et sa relation (bonne ou mauvaise) avec son animal domestique, du cheval au chat en passant par le hamster, le rat ou le chien. Un plaidoyer pour la défense et le respect des animaux, surtout à l'adresse des petits.
- **Les histoires d'animaux compagnons.** Pour caractériser davantage le héros d'une histoire, ou d'une série, il peut être affublé d'un animal qui ne le quitte jamais et avec lequel il entretient des relations presque humaines. Peu ou prou, ce compagnon peut aussi avoir un rôle dans l'avancée du récit. On les trouve dans tous les genres de récits.
- **Les histoires de chevaux.** Ce sont des histoires écrites surtout pour préadolescentes qui sont folles des chevaux et d'équitation. Il existe aussi des sites spécialement dévolus à cette passion. Une passion qui répond au mythe des Amazones, femmes guerrières, chasseresses et indomptées. C'est pourquoi, cavalières ou non, les filles peuvent s'identifier au rêve de la belle cavalière indomptable à l'image des chevaux sauvages.

## Et vous, qu'allez-vous écrire ?

Que vous inventiez un récit historique, un petit polar, une *fantasy* ou une histoire d'animaux… selon le thème choisi, prenez connaissance de ce qui existe déjà et, surtout, de ce qui vous touche. Et sans tomber dans une auto-analyse sauvage, demandez-vous *pourquoi cela vous touche*. Les réponses qui vont surgir vous ouvriront peut-être de nouveaux chemins d'inspiration et permettront ainsi un point de vue original, unique, le vôtre.

Posez-vous aussi la question du *comment ça fonctionne*. Là encore, sans partir dans une analyse littéraire fouillée – cela pourrait vous bloquer –, observez comment s'organise l'ensemble du récit, le découpage des chapitres, la part des dialogues, les caractères des personnages et, surtout, la part requise par l'imaginaire et celle nourrie de la documentation. Car ce dernier point est essentiel : quelle que soit votre histoire, quel qu'en soit le genre, même si elle jaillit spontanément, la part de recherche documentaire, si minime puisse-t-elle être, fait partie intégrante de toute démarche de création. Elle vous apporte des bases solides, tangibles, à partir desquelles vous pourrez *décoller* jusqu'aux sphères de l'imaginaire.

Tels sont d'ailleurs les trois axes à partir desquels se tisse le miracle de l'écriture : un brin venu de la mémoire, un deuxième du réel, un troisième de l'imaginaire.

# 4

# Le documentaire : une école de l'écriture et de la pédagogie

## Concurrence du Web et lacunes éditoriales

Aujourd'hui, la fiction est devenue le secteur phare de l'édition jeunesse, avec 41 % de part du marché, le documentaire ne représentant plus désormais que 9 % des ouvrages édités. Depuis 2007, le genre est en baisse en France. Sans aucun doute l'influence d'Internet, avec toujours le même refrain en bibliothèque ou en centre de documentation : « Dis, Madame, je peux me connecter sur Google ou Wikipédia, j'ai un exposé à faire sur les dinosaures ? » Affaire d'époque, nul n'y pourra rien changer.

Mais plutôt que d'y voir de la concurrence, il faut plutôt considérer la complémentarité. Un enfant ne sait pas toujours, loin s'en faut, chercher l'information, et les documentaires sont aujourd'hui pertinents, créatifs et accessibles, plus proches désormais d'un album que d'un livre scolaire... Sauf qu'il existe encore quelques lacunes dans les thèmes traités. Ainsi, peu de livres sur la géographie ou la politique. Quant à l'histoire, les parutions semblent se focaliser sur des événements essentiellement marquants. Les ouvrages existants en bibliothèques, par exemple – bon endroit pour sentir les tendances –, sont encore souvent plus proches du manuel scolaire indigeste que du documentaire créatif et pédagogique évoqué plus haut. Qu'à cela ne tienne ! Voilà qui pourrait vous intéresser, vous qui souhaitez écrire pour la jeunesse.

## Exigences rédactionnelles et stylistiques

Car l'écriture des documentaires, puisque c'est d'écriture qu'il s'agit ici, est une sacrée bonne école. Ils s'adressent à tous, des jeunes enfants aux adultes – parents, enseignants, bibliothécaires… – et requièrent des qualités à la fois rédactionnelles, pédagogiques et scientifiques – véracité de faits vérifiés. Avec le documentaire, nous sommes dans la vulgarisation, un exercice difficile pour un auteur, jeunesse comme adulte, dans lequel les lois de l'écriture médiatique sont ici à appliquer. Sans trahir pour autant une pensée *scientifique*, au sens large, comment expliquer simplement, avec rigueur et d'une manière enjouée quelque chose de complexe ?

Le texte doit répondre à l'image, le compléter (c'est ici l'affaire du graphiste et de l'illustrateur), le rythme de la phrase et de l'ensemble doit être vivant, soutenu, progressif, les termes, clairs et précis, sans pour autant être alambiqués ou trop savants. Quant au ton, il peut être enjoué, poétique, complice, selon votre sensibilité. En matière d'écriture jeunesse, et pour tout ce qui s'écrit, s'il existe des contraintes à la fois communes et propres à chaque éditeur pour augmenter la lisibilité et la compréhension d'un texte, là encore, l'originalité de ton, de style, de forme est toujours la bienvenue.

## De nouveaux thèmes

Dans le documentaire pour la jeunesse, les thèmes sont déclinés selon les âges : vie en société, sciences, religions, livres d'activité, art, géographie, histoire, avec, toujours en vedette, les dinosaures, l'Antiquité, les animaux ou la nature. Ils sont souvent redondants d'un éditeur à l'autre, et influencés par les tendances du jour.

Ces dernières années, les éditeurs ont lancé de nouveaux thèmes originaux, comme celui de la philosophie (*Les Goûters Philo*, chez Milan, *Philozenfants*, chez Nathan), la sexualité (*Oxygène*, de la Martinière Jeunesse, *Guide du zizi sexuel* de Zep…), l'écologie (Gallimard Jeunesse, Actes Sud Junior…), le respect et la tolérance, les droits de l'homme (Rue du Monde, Albin Michel Jeunesse…), les droits des femmes et la vulgarisation scientifique (chez Le Pommier, par exemple).

## Une pensée claire et de l'imagination

Pour accrocher le lecteur, et le tenir en lecture, on trouve toujours plusieurs formes de textes à l'intérieur d'un même documentaire : des petites histoires, des lettres, des rédactionnels, des témoignages… où la présentation de chacun est différenciée. Parfois, les sujets peuvent même être présentés sous la forme d'une fiction (souvent accompagnés de CD). Il s'agit de rendre accessible des domaines de connaissance tout en évoluant, d'une certaine façon, dans le domaine de l'imaginaire, du jeu. Voilà de quoi vous exercer et stimuler votre imagination, en passant d'un style, voire d'un genre à l'autre sur un même thème avec le souci de transmettre clairement, à chaque fois, des données *scientifiques*.

Rendre la philo accessible, par exemple, pas facile ! Voici la méthode de travail d'un auteur. Elle interviewe d'abord le philosophe sur le thème retenu, magnétophone branché, puis, une fois les propos enregistrés, elle écoute la bande à plusieurs reprises. Jusqu'à ce que, imprégnée du sujet, la pensée clarifiée, elle se mette à rédiger spontanément son texte avec ce qu'elle a retenu, sans s'appuyer, dans ce premier jet d'écriture, sur ses notes, ou sur les bandes. Une façon d'appliquer la célèbre phrase : « *Ce qui se conçoit bien s'énonce clairement/ Et les mots pour le dire arrivent aisément*[1]. »

## La diversité d'approches du documentaire

En voici quelques exemples.

---

1. Citations de Nicolas Boileau-Despréaux *in L'Art poétique*, 1674.

## La philosophie

### Le bonheur ou le malheur

*« Les histoires de bonheur font bâiller tout le monde ! Ce qui est intéressant, c'est le malheur. Si Roméo et Juliette étaient heureux, il n'y aurait pas d'histoire. Même chose pour les autres : ce sont les malheurs de Sophie qui sont intéressants, pas ses bonheurs, les malheurs de Cosette, de Peau d'Âne, du Petit Poucet {...}*

*Dans les journaux, on lit surtout des mauvaises nouvelles : les tremblements de terre, les inondations, les usines qui ferment, les gens qui meurent...*

*Bien sûr, on aime que tout se termine bien, mais la plupart du temps, quand tout s'arrange, quand le bonheur est là, c'est la fin de l'histoire !*

*Le malheur, c'est bien plus intéressant que le bonheur !*

### Une recette très facile

*Voici une petite recette très facile à réussir.*

*Commencer par noter tout ce qui ne va pas : de la pluie depuis 2 semaines, la télévision tombée en panne, le porte-monnaie vide parce que tout l'argent de la semaine est dépensé alors que l'on n'est que mardi, les piles du jeu vidéo qui se sont arrêtées avant de pouvoir sauvegarder le niveau. Ensuite, penser à ce qui va arriver de plus grave : mourir un jour, mes parents aussi ; d'après le vétérinaire, mon chien, lui, ne vivra que 12 ou 13 ans, sauf s'il se fait écraser par une voiture {...}. Et voilà, mélanger le tout et ça réussit à tous les coups : vous êtes malheureux pour la journée[1]. »*

Brigitte Labbé, Michel Puech, *Le bonheur ou le malheur*

### « Dis, maman, pourquoi j'existe ? »

Un autre exemple philo, une autre approche : les dessins sont drôles et occupent toute la page, le texte est plus court sur chaque page. Le

---

1. Brigitte Labbé, Michel Puech, *Le bonheur ou le malheur*, Milan, coll. « Goûters Philo », 2006.

sujet est traité sous la forme d'un « *conte-randonnée pour aborder les premières grandes questions des tout-petits* ».

*« Dis maman, pourquoi j'existe ?*
*– Mais où vas-tu chercher tes questions, mon petit Phil ? répond maman. Tu existes, c'est comme ça ! On ne peut pas tout expliquer, tu sais !*
*– Moi, les questions, elles arrivent comme ça dans ma tête ! pense Phil.*
*Et il sort de la pièce, déçu de ne pas avoir de réponse.*
*Zof, son doudou, lui dit à l'oreille :*
*– Nom d'un p'tit bonhomme, si ta maman ne répond pas à ta question, va la poser à quelqu'un d'autre... Tu vois ces fleurs, là-bas ? Demande-leur pourquoi elles existent !*
*– Bonjour les fleurs ! Dites-moi, pourquoi vous existez ?*
*– Moi, j'existe, tu le vois bien, répond une fleur.*
*– Moi aussi, ajoute une autre fleur.*
*– Et moi aussi, confirme une troisième fleur.*
*– Ne parlez pas toutes à la fois ! dit Zof.*
*– Alors, vous existez, et c'est tout ? demande Phil.*
*Zof le tire par la manche :*
*– Nom d'un p'tit bonhomme, il y a toujours des réponses, nous allons les trouver.*
*Si les fleurs ne répondent pas à ta question, va la poser à quelqu'un d'autre ! Demande au mur, par exemple*[1]*. »*

Oscar Brenifier, Delphine Durand,<br>*Dis, maman, pourquoi j'existe ?*

## La géographie

Un autre exemple, en géographie cette fois. Dans cette série de documentaires, il s'agit de présenter à chaque fois un pays au travers de trois personnages (ce chiffre, que vous retrouvez dans les écrits, est rhétorique, question de rythme, de balancement, de code).

---

1. Oscar Brenifier, Delphine Durand, *Dis, maman, pourquoi j'existe ?* Nathan, coll. *Les petits philozenfants*, 2008.

Notez la simplicité de la syntaxe, la clarté des énoncés, la proximité que l'auteur met en place avec son lecteur, à la manière d'un conte, pour qu'il entre mieux dans la connaissance. Quand il s'agit de données *scientifiques*, les phrases sont courtes, le temps au présent, pour que chaque information soit mise en valeur et mieux entendue. Voici la quatrième de couverture d'un ouvrage de la collection « Enfants d'ailleurs », qui donne le ton et le dispositif pédagogique :

> « *Sacha, Andreï et Turar vivent en Russie, le plus grand pays du monde, riche en culture, en histoire et en ressources.*
>
> *Sacha a 11 ans et vit avec ses parents à Moscou, la capitale de la Russie. Avec sa grand-mère, elle va souvent visiter le Kremlin situé sur la Place rouge, ou encore la maison de Tolstoï, un grand écrivain qu'elle admire.*
>
> *Andreï, vit dans une isba à la campagne, sur les bords de la Volga. Ses parents lui parlent souvent des kolkhozes où ils ont travaillé avant la chute de l'URSS. Plus tard, le jeune garçon aimerait aller vivre à Saint-Pétersbourg, dont l'histoire et l'architecture l'émerveillent.*
>
> *Turar, qui est musulman, vit avec sa mère et sa grand-mère à Kazan. Il est citoyen de la Fédération de Russie, mais il n'est pas russe : il est tatar. Il aime regarder le Transsibérien qui passe à Kazan et l'a déjà emprunté avec son oncle pour aller en Chine.*
>
> *Voici la Russie !*
>
> *Superficie : plus de 17 millions de $km^2$, soit environ trente fois la France ! La Fédération de Russie est le plus grand pays du monde par sa superficie. Il s'étend sur plus de 9 000 km d'est en ouest.*
>
> *Population : 145 millions d'habitants en 2002. Celle-ci est composée de plus d'une centaine de peuples, dont 81,5 % de Russes, et des minorités comme les Tatars, les Ossètes, les Ostiaks, etc.*[1] »
>
> Maïa Werth, *Sacha, Andreï et Turar vivent en Russie*

---

[1]. Maïa Werth, *Sacha, Andreï et Turar vivent en Russie*, Les Éditions de La Martinière Jeunesse, coll. « Enfants d'ailleurs », 2006, 4ᵉ de couverture.

Le documentaire : une école de l'écriture et de la pédagogie

## L'histoire

### La Première Guerre mondiale

Un exemple de documentaire sur la Première Guerre mondiale, sous la forme d'une fiction : *Rendez-vous au Chemin des Dames, avril 1917*, pour un public de 8 à 88 ans.

> « {...} *Avec des gestes précis, lentement, chaque homme commença à se harnacher pour l'attaque. L'équipement était allégé, mais Guillemot ne cessait de répéter : "Bon Dieu de bon Dieu, ça pèse son poids tout ça !" Dans sa musette à grenades chacun glissa une boule de pain.*
> *– Qu'est qui compte le plus dans tout ça ? demanda Yffic en souriant. Le masque à gaz ? Les cent vingt cartouches ? La gourde à vin ? Le quart de gnôle ou cette couverture roulée qui ressemble à un gros saucisson ?*
> *– T'as oublié ton lebel, et sa baïonnette par-dessus l'marché ! Mais en fait, c'qui compte le plus c'est que tu te fasses invisible pour les balles aussi bien que pour ces salauds d'obus.*
> *L'aube n'était pas loin à présent, mais elle n'arrivait pas vraiment à s'imposer. C'était comme si l'épaisseur des nuages voulait être le couvercle d'un grand cercueil pour tous ces hommes qui grelottaient.*
> *– Le ciel reste pâle, il a du chagrin, dit pour lui Yffic qui était monté sur sa caisse pour regarder le plus loin possible devant lui.*
> *On sentait peser une menace. Les hommes savaient que rien ne pouvait arrêter la mort qui allait remplir de noms français et de noms allemands son grand cahier...[1]* »
>
> Yves Pinguilly (texte), Nathalie Girard,
> *Rendez-vous au Chemin des Dames, avril 1917*

### Exode rural et immigration

Enfin, voici un dernier exemple, toujours en histoire. Ici, les textes de ce documentaire illustré de photos et d'illustrations alternent

---

[1]. Yves Pinguilly (texte), Nathalie Girard, *Rendez-vous au Chemin des Dames, avril 1917*, Oskar Jeunesse, coll. « Cadet Histoire et Société », 2007.

entre récits d'enfants, témoignages et rédactionnels didactiques (repères historiques, géographiques, culturels) :

> « *Histoire de l'immigration en France*
>
> *Qu'est-ce que l'immigration ? Pourquoi émigre-t-on ?*
>
> *L'immigration désigne le franchissement d'une frontière et l'établissement, dans un pays, d'étrangers qui viennent y vivre et y travailler.*
>
> *Au cours du XX$^e$ siècle, les raisons principales de l'émigration sont d'ordre économique et politique.*
>
> **Économique** : *le fossé entre sociétés riches et pays pauvres creusé par les sécheresses, les famines, les épidémies ou le chômage pousse à chercher ailleurs une vie plus facile. C'est le facteur principal qui détermine l'arrivée de nouveaux immigrants.*
>
> **Politique** : *parce qu'on subit une oppression en raison de sa foi, son ethnie ou son engagement militant. Parce qu'on vit dans un pays dont le régime prive de libertés ses citoyens. Parce que son pays est en guerre, qu'on n'y travaille plus, qu'on a peur pour la sécurité des siens…*
>
> *[…]*
>
> *Le français s'infiltra à la maison*
>
> *À chaque lecture, à chaque récréation, la maîtresse corrigeait patiemment ma prononciation, me posait des questions sur un mot, me le traduisait en espagnol ou me le montrait à l'aide d'un dessin. Et de récitations en lectures, sans presque m'en rendre compte, grâce à une institutrice patiente et compréhensive, je maîtrisais suffisamment le français à la fin de la première année scolaire {…} celui-ci s'infiltra subrepticement à la maison au détriment de notre langue maternelle. José Maria, Espagne, 1939[1].* »
>
> Carole Saturno, *Enfants d'ici, parents d'ailleurs, histoire et mémoire de l'exode rural et de l'immigration*

---

[1]. Carole Saturno, *Enfants d'ici, parents d'ailleurs, histoire et mémoire de l'exode rural et de l'immigration*, Gallimard Jeunesse, coll. « Par quatre chemins », 2005.

# Partie 2

# Procédés

# 5

# La naissance d'une histoire

## Tout est pré-texte !

Et tout d'abord, ça naît comment une histoire ? Si vous lisez ces lignes, vous avez déjà sans doute quelque idée sur le sujet. Et vous savez aussi comme surgissent spontanément les premiers mots d'une histoire.

> *« Une idée arrive comme ça, d'on ne sait où. C'est comme si l'on demandait d'où viennent les rêves. Je ne peux pas décider de ce que je vais rêver la nuit. De même, je suis souvent la première surprise de découvrir ce que j'écris. »*
>
> Marie Page[1]

Ainsi, de quelques mots jetés sur la page, comme écrits à l'insu de soi, voilà les phrases bientôt qui s'organisent, et se forme l'embryon d'une histoire, issue de la vie même. Car tout autour de nous contient les germes d'un récit. Ouvrez vos sens, les muses sont partout : vos enfants, ou ceux qui vous entourent, bien sûr, mais, plus encore, le fragment d'une scène de rue, de vie, une photo, une mélodie, un mot, une anecdote, des souvenirs, un paysage… Un texte de fiction se

---

1. Marie Page, auteur adultes et jeunesse, interview de mai 2008.

construit toujours de cette incroyable alchimie d'éléments conscients ou inconscients qui font soudain sens sur la page :

> « J'ai l'impression que j'écris comme je suis lue, dans un état d'innocence, sans savoir quels thèmes vont surgir ? A posteriori, je me rends compte qu'ils sont toujours conjoncturels : "Verte" raconte l'histoire d'une petite fille qui devient sorcière. En fait, ce livre s'inspire directement de ma fille de 11 ans et lest thèmes s'en ressentent : l'entrée dans la féminité, le rapport aux générations antérieures... Souvent, le livre naît d'une scène que j'ai en tête. Nous sommes des greniers d'images. Moi je pioche dans mon réservoir intime pour écrire : un petit garçon seul dans la forêt avec une lampe, une fillette dans un salon tout froid m'inspirent. Je ne sais pas d'où ces visions me viennent, mais qu'importe... ! »
>
> Marie Desplechin[1]

Mais j'entends déjà certains d'entre vous : j'ai l'idée, je sais les mots au fond de moi, mais comment dire ? Comment les faire venir ? Vous faire confiance, d'abord, et accepter de vous abandonner vraiment à la page. C'est le plus difficile, mais le plus simple aussi une fois que l'on a compris le procédé. Se laisser aller, se faire confiance, pour ainsi éviter les lieux communs, les héros clichés, les phrases toutes faites. Allez chercher en vous au plus profond, sans réfléchir surtout. C'est le premier et le plus sûr apprentissage de l'écriture. Laissez venir les mots. Laissez-vous surprendre. Leur envie d'exister est si forte que vous en serez les premiers étonnés. Après, seulement après, il sera temps de travailler la technique. Nous y voilà !

## Six questions fondamentales !

Elle vous semble encore un peu floue, mais vous tenez là un bon début d'histoire. Que vous l'écriviez au fil de vos doigts sur le clavier ou sur la page, six petites questions de rien du tout peuvent vous permettre d'y voir clair. Il s'agit d'une règle applicable à tous les

---

[1]. Marie Desplechin dans une interview du magazine *L'Express* du 10 janvier 2005.

textes, quels qu'ils soient (de la fiction aux écrits professionnels), la fameuse règle des six questions :

- **Qui** : qui est au centre de l'histoire ? Quels sont les autres personnages ?
- **Quoi** : quel est le problème posé ? De quoi s'agit-il ? Que va-t-il se passer ?
- **Où** : où se situe l'action au départ ? Où va-t-elle emmener le héros ?
- **Quand** : quand a lieu cette histoire ? À quel moment ce problème, ce conflit s'est-il posé ?
- **Pourquoi** : qu'est-ce qui a pu créer le problème ? Quelle en est la cause, l'origine ?
- **Comment** : comment se traduit ce problème ? Quelles en sont les effets ? Les conséquences ? Quels sont les obstacles qui empêchent de dénouer le problème ? Quelles solutions ?

Une fois posées ces bases, vous pouvez dresser un plan en trois grandes parties.

## Un plan en trois parties

### Le début : accrocher le lecteur

Il faut accrocher son lecteur dès le début. Si la règle vaut pour tous les textes en général, elle est fondamentale avec un jeune lecteur. D'emblée, il faut qu'il ait envie de poursuivre, et, pour ce, que vous ayez ménagé un effet de surprise : ce peut être la découverte d'un personnage, d'un décor, d'un événement mystérieux qui sera résolu au cours de l'histoire. Que vous racontiez l'histoire d'une façon linéaire, ou que la narration démarre alors que les événements sont en cours *(Sa majesté des mouches)*, l'important est de capter, et fermement, l'attention, que le lecteur soit plongé dans l'action, sans perdre de temps et ce, comme nous le verrons plus loin, dès la première phrase du récit, l'*incipit*.

## Le milieu : le tenir en haleine

Comme l'explique Pamela Cleaver[1], votre héros aura à combattre deux sortes de conflits : les conflits majeurs et les conflits mineurs :

- **Les conflits majeurs.** Par exemple, ceux que va vivre le héros contre une personne : un ami, un parent – frère, sœur, père, mère, tante et oncle… grands-parents (à ce sujet, je songe encore au livre très drôle d'Anthony Horowitz, *Satanée Grand-mère*, où le héros est en prise avec sa grand-mère qui veut le tuer pour, une fois récupérées ses forces vitales, se rajeunir, elle et sa bande de vieilles), un groupe (sa classe, son club…), les éléments (une tempête, un lieu impossible où vivre), un animal, une décision vitale…

- **Les conflits mineurs.** Ce sont eux qui vont étoffer le conflit majeur. Ils sont autant d'embûches pour résoudre le conflit ou le problème de départ : une blessure, une mort, une désillusion, une découverte, un mystère, une erreur, de nouveaux personnages qui entrent dans le conflit, le mauvais temps, une maladie, une erreur, un refus…

Pour tenir votre lecteur en haleine, prenez votre temps, soyez imaginatif : votre héros ne doit pas réussir trop facilement à combattre les opposants de toutes sortes. C'est la faiblesse généralement rencontrée quand on raconte une histoire spontanément. Par exemple, le héros doit combattre un dragon (métaphore de ce que vous voudrez)… Hop ! Une épée lui échoit d'une bonne fée qui passait par là, le héros s'en empare et, en trois coups bien placés, la bête agonise à terre. Non, trop facile, rappelez-vous vos classiques : « *À vaincre sans péril, on triomphe sans gloire !* »

Il faut aussi créer du *suspense*, tout le temps. Et introduire des *complications*. Je vous laisse imaginer tout ce qui peut arriver pour que le dragon de l'exemple ne meure pas si aisément, voire laisse le héros comme mort sur le chemin… Ces complications peuvent être concrètes, le fameux dragon, mais aussi abstraites, comme les senti-

---

1. Pamela Cleaver, *Writing a Children's Book*, op. cit.

ments, par exemple. Le héros, face au dragon, peut soudain être pris de pitié, de culpabilité... Allez savoir comment ça peut vous regarder un dragon ! Le héros est désormais la proie d'interrogations cornéliennes...

### La fin – généralement heureuse !

La troisième partie de votre histoire aura su monter en puissance jusqu'à la mort symbolique de votre héros, en général à deux reprises. Il faut que l'on croie la partie vraiment perdue, que l'on souffre, que l'on ait peur, même si l'on sait très bien au fond de soi que ce n'est pas possible, que l'on attend que tout, enfin, se termine bien. Mais pas trop vite ! Pas trop facilement. Et c'est là tout l'art du récit. Après cette montée en puissance où l'on croit la partie définitivement perdue, arrive le retournement de situation, le *climax*, ce moment culminant d'émotions avant que tout se résolve et se dénoue. C'est alors un véritable soulagement moral, une jouissance.

Car toutes les histoires pour la jeunesse, en général, se terminent bien. La fin de la fameuse petite *Chèvre de Monsieur Seguin*, citée plus haut, est intolérable aux enfants. Quand ma mère nous la racontait, nous lui demandions immanquablement une deuxième version, celle où la petite chèvre rentrait finalement au petit jour dans son enclos, saine et sauve. Mais cela ne nous consolait qu'à moitié, le mal était déjà fait, ce n'était pas la vraie histoire...

### Trois catégories de dénouements

Enfin, sachez qu'il existe trois catégories distinctes de dénouements :

- Le dénouement constitue un retour à la case départ (on retrouve le héros tel que nous l'avons rencontré au départ, dans le même temps et le même lieu) ;
- Le dénouement constitue un retour à la case départ, mais le héros n'est plus le même (il est visiblement transformé) ;
- La fin ne renvoie pas à la case départ (le héros poursuit ailleurs son chemin).

Dans tous les cas, comme vous le savez, l'histoire se finit généralement bien !

## Graines d'histoires à faire grandir

Votre souhait d'écrire pour les enfants est grand, mais vous cherchez encore de nouvelles idées avant de vous lancer tout à fait sur la page. En voici quelques-unes, juste pour vous : un jour de canicule, alors que je cherchais le frais dans un parc parisien, j'ai croisé des enfants d'un centre aéré d'Ile-de-France, âgés de 9 à 13 ans. On s'est tous assis dans l'herbe et je leur ai demandé de raconter chacun une histoire pour ce livre. Mais pas n'importe laquelle. Une qu'ils n'auraient jamais lue mais qu'ils voudraient voir écrite un jour, rien que pour eux. Je vous livre ici quelques-unes de leurs graines d'histoires, telles qu'ils me les ont confiées. Sachez cependant que j'en tais de très bonnes ; mais j'ai promis : « Non, non, celle-là, tu ne la donnes pas, je vais l'écrire un jour ! »

> *« Ce serait une histoire dramatique racontée par un enfant. Il a grandi avec d'autres enfants, et un jour, l'un d'entre eux disparaît. Quand il le retrouve, deux, trois ans après, cet ami a complètement changé, il est devenu agressif. »*
>
> Hugo, 11 ans

> *« Ce serait une histoire avec des créatures imaginaires qui s'harmonisent avec les humains. Ils s'entraideraient, mais tous ne seraient pas d'accord pour qu'ils soient copains. Il y a toujours quelqu'un qui ne sera pas d'accord, et c'est regrettable. Il faudrait que tout le monde s'entende bien, mais ça ne marche jamais. Ça se terminerait bien, l'histoire, malgré les bagarres, pour montrer que c'est possible. »*
>
> Marc-Antoine, 11 ans

> *« Ce serait cinq personnes du centre aéré « 1, 2, 3 soleil ! ». Au début, on était chacun enfant, et maintenant, on serait grand. Il y aurait des personnes en danger et on devrait les sauver. Ces ennemis, ce seraient des*

monstres. *Comme on a grandi, on s'est séparés, on vit chacun dans une autre ville. Mais pour tuer ces monstres, on se serait tous réunis. Cette histoire, elle parlerait de nous pour une fois !* »

Sofiane, 11 ans

« *Je suis avec un cheval, c'est une amitié, un amour entre nous deux. On galoperait dans un pré, et quand je fermerais les yeux, on dirait que je sentirais le vent et le soleil. On s'arrête, on voit une personne âgée. Mon cheval qui s'appelle Starlight[1], va vers la dame âgée, il l'invite à monter, et il galope avec elle. C'est pour que cette personne âgée, elle retrouve ses sensations de petite fille, comme quand elle avait mon âge.* »

Maeva, 10 ans

« *Un jour un garçon se réveille. Il a envie d'aller se promener dans la forêt. Là, il entend des bruits dans les buissons. Il revient chez lui. Trois ans se passent, il retourne dans la même forêt avec un ami pour lui montrer ces buissons. Ils entendent alors les mêmes bruits. Son ami, curieux va voir, et il se fait alors attaquer par des créatures venues d'une autre galaxie. Son ami est venu le défendre et il meurt. J'aime le fait que la personne meure parce qu'elle veut défendre son ami.* »

Éric, 9 ans

« *C'est une histoire qui fait peur. Un petit garçon va camper dans les bois avec son père. La nuit, elle entend comme des griffes sur la toile de la tente. Le lendemain, le garçon examine la tente, mais il ne voit rien. Le soir, alors qu'il s'endort, il voit des ombres et il entend des hurlements. C'est son père qui se transforme en créature bizarre. Le petit garçon s'enfuit et rentre chez lui. Il ne veut jamais revoir son père. Jamais.* »

Merline (très émue quand elle raconte), 10 ans

Derrière ces histoires, bien sûr, le questionnement du moment de ces enfants-là. Et qui éclairent pour nous, à leur lecture, ces zones

---

1. Héros connu, N.D.L.R.

oubliées, encore sensibles parfois, de nos propres interrogations d'hier, voire toujours d'aujourd'hui.

Quêtes d'amitié, de justice, d'amour, d'un trésor (une petite fille raconte que sa famille va devenir riche parce que tout le monde va l'aider)… Quêtes où le héros se confronte à la réalité, sans illusions, mais armé de son seul courage et de sa générosité pour changer la face du monde. Du moins, et les enfants en conviennent, le temps d'une histoire… Une histoire pour consoler et donner des forces, afin de mieux braver l'adversité. Et même si l'on est déjà grand !

Les récits pour les enfants sont toujours un peu un voyage initiatique[1] au cours duquel le héros progresse vers la maturité. Alors, lorsqu'il sera parvenu à conquérir son *graal*, comme les chevaliers d'antan, il reviendra de son aventure grandi, transformé.

Ainsi vont les récits pour la jeunesse, des contes souvent réactualisés, et qui, comme l'écrit Bruno Bettelheim[2], mettent l'enfant en présence de toutes les difficultés fondamentales de l'homme.

---

1. Le terme d'« initiation » est ici à entendre au sens large, il est parfois controversé lorsqu'il s'agit de roman jeunesse (N.D.L.R.).
2. Bettelheim *Psychanalyse des contes de fées,* « Critiques et commentaires », Pocket, 1999.

# 6
# La structure : un héros éternellement en quête

Un récit, c'est toujours l'histoire d'un héros en quête. Quelque chose d'important lui manque pour exister plus pleinement encore. Il va s'agir alors de combler ce manque et, pour ce faire, partir à l'aventure. Nous sommes tous en quête perpétuelle. Une fois celle-ci achevée, une autre viendra bientôt la remplacer. Ainsi va la vie !

Pour que vous compreniez davantage ce mouvement profondément humain, et par là même le soin que vous devez donner à la composition de vos personnages principaux, il me semble plus pertinent d'aborder avant tout la structure dans laquelle il évolue, d'un point de vue symbolique, et donc forte de vérités humaines. C'est autour du héros que s'organise une histoire, certes, mais le socle sur lequel il évolue, la structure, est éminemment interdépendante de la quête même.

## Quelques définitions essentielles

Mais avant de nous lancer dans l'analyse de la structure d'un récit, voici un rappel de quelques définitions essentielles, un peu sèches certes, mais c'est un devoir d'exigence !

**Un récit**, c'est « *la relation orale ou écrite de faits vrais ou imaginaires* » ; tels les contes, légendes et mythes, mémoires, chroniques, faits divers, nouvelles, épopées, romans… Tout récit a pour origine les grands mythes, c'est-à-dire « *des histoires fabuleuses qui mettent en scène des êtres incarnant sous une forme symbolique des forces de la nature, des aspects de la condition humaine*[1] ».

**L'histoire** (l'argument) est un récit (oral et écrit) d'actions qui se déroulent entre un début et une fin. Elle est formée d'une succession d'événements (réels ou fictifs) d'intérêt humain « *qui prennent sens et s'organisent en une série temporelle structurée*[2] ». Quand il n'y a pas de déplacement du héros (même au sens symbolique, comme vous le verrez plus loin) et pas de succession d'événements, il n'y a pas de récit.

Une description, par exemple, nourrit le récit, mais, en aucun cas, ne constitue une histoire. Une description est comme une photo, rien ne bouge. Le temps n'agit pas, il s'est figé. Quand on n'a pas l'habitude d'écrire des histoires, on imagine souvent des personnages qui agissent peu, voire font du surplace, sans même une pensée qui serait en mouvement. Il n'y a là aucune trace temporelle ni spatiale dans l'histoire, et donc pas d'évolution possible du héros. Nous le reverrons plus loin, mais c'est une loi fondamentale : où il n'y a pas déplacement, il n'y a pas d'histoire.

Une histoire est composée de deux éléments, une intrigue et une structure :

- **L'intrigue** est la succession des péripéties que vit le héros ;
- **La structure** est l'ossature sur laquelle repose l'histoire, ses grandes lignes de force, le plan en quelque sorte.

**La narration** est les moyens mis en œuvre pour raconter l'histoire : le point de vue, les dialogues, les descriptions, le style...

Une fois ces rappels théoriques posés, sous quelle forme auriez-vous envie d'écrire ? Un conte initiatique dans la tradition classique du merveilleux, ou un roman de formation ? Voici deux modèles fondamentaux de structure, l'une de Vladimir Propp[3] (dans les lignes qui

---

1. *Cf. Le Petit Robert.*
2. *Cf.* Bremond, *La structure d'un récit.*
3. Vladimir Propp, *La morphologie du conte,* Le Seuil, coll. « Points Essais », 1970.

suivent), la plus fréquemment rencontrée, l'autre, d'après Joseph Campbell[1] (au chapitre suivant), complémentaire et riche de la notion jungienne des archétypes.

NOTE : je ne traiterai pas ici de *la nouvelle*. Si le genre marche peu en France auprès des adultes – hélas ! –, en revanche, il a son public parmi les jeunes qui en apprécient justement la brièveté. Les règles de style pour l'écriture jeunesse sont les mêmes que celles données ici. Pour la structure et les genres, je vous renvoie à Mireille Pochard[2] (*Écrire une nouvelle,* dans cette même collection).

## La structure d'un conte, selon Propp : sept personnages en six étapes

La structure d'un conte est généralement fixe, linéaire, sans retour en arrière. Vous la connaissez, cette structure, parfois même sans vous en douter. Les enfants, pétris de contes, savent la retrouver spontanément, même s'ils lisent depuis peu. On l'enseigne aussi à l'école, et il existe des jeux de cartes qui la reprennent pour mieux fabriquer des histoires. Ce terme « fabriquer » n'est pas là par hasard, c'est en effet le danger d'appliquer un modèle, si juste mais si usité qu'il en devient parfois un peu ennuyeux. C'est pourquoi, imagination et technique de narration sont de rigueur !

En 1928, donc, un chercheur russe, Vladimir Propp, après l'étude d'une centaine de contes russes appartenant au genre du merveilleux, a dégagé un même schéma de construction. Sur un axe structurel, **sept personnages principaux** vont se répartir tout au long du récit, au cours de **six grandes étapes** constituées **de trente et une fonctions**. Ces personnages, « archétypiques » (un archétype incarne les différentes facettes de l'âme humaine, *cf.* p. 79), sont à entendre au sens large du terme « personnage » : il peut s'agir d'un animal, du vent, d'une plante, d'un être humain, d'une notion abstraite (la justice), d'un sentiment…

---

1. Joseph Campbell, *Le héros aux mille et un visages*, Robert Laffont, 1992.
2. Mireille Pochard, *Écrire une nouvelle*, Eyrolles, 2009.

Pour que vous puissiez apprécier le schéma structurel de Propp, pensez au cours de votre lecture à tous les contes que vous connaissez par cœur. Ils possèdent en eux les mêmes éléments dont sont tissés les mythes et les légendes.

### Sept personnages, sept rôles

Certains personnages peuvent cumuler plusieurs fonctions à l'intérieur d'une même histoire. Chacun est caractérisé par un nom, son aspect physique, son entrée en scène, son lieu d'habitation. Les autres personnages rencontrés au cours du récit n'ont qu'un rôle de simples figurants et sont seulement utilisés comme éléments de liaison ou de décor au cours des différentes actions. Ils peuvent aussi ne pas apparaître du tout au cours de l'histoire.

1. **Le héros**, personnage sympathique auquel le lecteur va s'identifier ;
2. **L'adversaire**, *le méchant*, celui qui doit être vaincu à la fin de l'histoire ;
3. **Le faux héros**, personnage rival du héros qui prétend être le héros véritable au cours de l'histoire et qui sera finalement démasqué ;
4. **Le donateur**, celui que le héros va rencontrer par hasard et auquel il va rendre service. En échange, le donateur lui remettra un *objet magique* dont le héros va se servir lors de sa quête ;
5. **L'auxiliaire**, qui va aider le héros dans son combat contre le méchant ;
6. **La princesse et son père**. Propp a montré qu'il s'agit en fait d'un seul et même personnage : le père (roi, prince, maître, chef…) représente l'ordre social menacé par le méchant ; la princesse, quant à elle, constitue le plus souvent la récompense sociale du héros, celle qui le fera accéder au statut de prince ;
7. **Le mandateur**, qui envoie le héros à la poursuite du méchant (et du *trésor* à conquérir) et déclenche ainsi l'action.

## Six grandes étapes

Ces six grandes étapes regroupent trente et une fonctions : pour apprécier davantage la pertinence de l'étude de Propp, songez, comme je vous l'ai suggéré plus haut, au *Petit Chaperon rouge*, à *Blanche Neige*, au *Petit Poucet*, à *Barbe Bleue*, à *La Belle au bois dormant*, à *La Petite Sirène*... À l'intérieur de cette structure, les personnages, figures du monstre, de la marâtre, de la princesse, de la fée... sont archétypiques comme on l'a vu plus haut. Ils vont chacun remplir des fonctions précises pour que s'accomplisse la quête du héros.

1. **Situation initiale** : présentation du héros dans son décor habituel. Un problème est posé ;
2. **Apparition d'un manque, d'un besoin** : ce manque et ce besoin doivent être profonds, vitaux presque. Ce sont les moteurs de la motivation.
   **Sans motivation profonde, pas d'histoire.** Quel intérêt aurait le héros à abandonner ses marques et à menacer sa vie si l'objet de sa quête est ridiculement anodin ? Ainsi, en quelque sorte acculé à l'action, il va devoir partir pour combler ce manque, répondre à ce besoin. Comme on l'a vu plus haut, pour qu'une histoire prenne forme, il faut qu'il y ait déplacement, que le héros quitte le monde familier, et aille dans un autre monde qu'il lui faudra apprivoiser, sous peine de mourir. Ainsi, le héros qui était bien portant au départ et qui va tomber malade : sa maladie sera ce nouveau monde dans lequel il va entrer, un nouveau monde à conquérir pour qu'il guérisse ;
3. **Départ du héros** : début du « voyage » ;
4. **Épreuves** : combats, obstacles à surmonter si le héros veut conquérir ce qui lui permet de combler ce manque, répondre à sa mission ;
5. **Aides magiques** éventuelles ;
6. **État final**, dénouement : le manque est comblé.

## Trente et une fonctions

Un conte ne remplit pas forcément les trente et une fonctions ; de plus, celles-ci peuvent se cumuler.

- Éloignement ;
- Interdiction ;
- Transgression ;
- Interrogation ;
- Information (délation) ;
- Tromperie ;
- Complicité ;
- Méfait (ou manque) ;
- Médiation ;
- Début de l'action (acceptation du héros) ;
- Départ du héros ;
- Première fonction du donateur (le héros mis à l'épreuve) ;
- Réaction du héros ;
- Réception de l'objet magique ;
- Déplacement du héros ;
- Combat entre le héros et l'antagoniste ;
- Le héros marqué ;
- Victoire sur l'antagoniste ;
- Réparation du méfait (ou manque) initial ;
- Retour du héros ;
- Poursuite (persécution du héros) ;
- Secours (le héros est sauvé) ;
- Arrivée incognito du héros ;
- Prétentions mensongères (du faux héros) ;
- Tâche difficile imposée au héros ;
- Tâche accomplie ;
- Reconnaissance du héros ;
- Découverte (le faux héros ou l'antagoniste est démasqué) ;
- Transfiguration du héros ;
- Punition (de l'antagoniste) ;
- Mariage du héros.

Vous voilà désormais armé pour l'écriture d'un conte ! Et celle d'un récit ? À découvrir tout de suite…

# 7

# Le récit : force et permanence des archétypes

Comme nous l'avons vu plus haut, tout récit a pour origine les grands mythes. Ainsi, dans les histoires, nous retrouvons toujours quelques éléments structurels universels présents dans les mythes, les contes de fées, les rêves, inscrits dans *l'inconscient collectif*.

Partant des travaux de Vladimir Propp et s'appuyant sur ceux du psychanalyste Carl Gustav Jung, Joseph Campbell, mythologue américain, a étudié des mythes du monde entier et démontré que leur *« force et leur permanence étaient dues à la répétition d'une même histoire déclinée à l'infini sur des variations multiples*[1] *»*, dans son ouvrage intitulé *Le héros aux mille et un visages*. Ce héros, c'est chacun d'entre nous, dans une même expérience, celle de la condition humaine, continuellement répétée au cours des générations.

La structure que Campbell a mise en valeur est utilisée par Hollywood pour l'écriture des scénarios et utilise la permanence et la force symbolique des personnages archétypiques dans toute histoire. Un personnage archétypique est un personnage symbolique, représentatif de l'être humain, de sa psyché, dans ce qui l'anime le plus

---

1. Joseph Campbell, *Le héros aux mille et un visages*, *op. cit.*

profondément. Il incarne, selon les différents visages qu'il présente, les différentes facettes de l'âme humaine. Lors de toute élaboration d'un récit, la structure de Campbell permet de donner à vos personnages cette dimension *dramatique* et universelle qui parle à tous, petits ou grands.

Nous retrouvons ainsi les sept types les plus communs de personnages ou de fonctions psychologiques communes à chacun d'entre nous. Selon une lecture psychanalytique jungienne, ces sept personnages archétypiques sont aussi la métaphore d'une seule et même figure archétypique, l'*homme* et ses différentes facettes, au cours de ses différentes quêtes, ce que Campbell nomme « *le héros aux mille visages* ». Ces différentes figures de nous-même que nous arborons, tel un masque, pour aller toujours plus avant à la recherche de notre identité, et ce tout au long de notre existence. Tantôt enthousiaste, tantôt surpris par nous-même, tantôt angoissé, tantôt plein de bon sens... Un peu comme les sept nains de *Blanche Neige* qui pourraient ne constituer qu'un seul personnage, *ses états d'âme*, à différents moments de la journée, voire de la vie.

Voici donc, très succinctement, l'interprétation générale de ces sept archétypes. Elle se lit sur deux plans : *le plan dramatique* (celui du récit, de son ressort narratif), *le plan psychologique* (analyse jungienne) : Cette structure vous permettra de donner plus de force à vos personnages, plus de vérité humaine. Si vous souhaitez en connaître toutes les subtilités, je vous renvoie au livre de Christopher Vogler[1], que j'utilise ici et qui donne une application complète, claire et concrète des théories de Joseph Campbell. À sa lecture, essayez de penser aux personnages d'un récit ou d'un film jeunesse ou adultes, que vous connaissez bien *Indiana Jones*, par exemple, dont la lecture des différentes étapes symboliques est simplissime, ou *Kirikou et la sorcière*, conte initiatique.

---

1. Christopher Vogler, *Le guide du scénariste. La force d'inspiration des mythes pour l'écriture cinématographique et romanesque*, Dixit, 1998.

C'est cette dernière histoire de Michel Ocelot[1] que j'ai choisie de vous interpréter succinctement comme modèle d'application, après la présentation de cette structure. Le scénario du film d'animation et l'album se prêtent d'une façon claire à une rapide lecture mythe-analytique. Et surtout, comme *Harry Potter*, c'est un film et un livre récent, connu du grand public.

## Sept personnages, sept fonctions dramatiques et psychologiques

Pour commencer, quelques principes de base :

- Ces sept personnages sont emblématiques de tous les autres. Ainsi, les loups, les vampires, et autres monstres ne sont que les avatars d'un seul et même personnage, selon sa fonction dans le récit – l'ombre, par exemple ;

- Dans un récit, comme le mentionnait déjà Propp, un personnage peut remplir à lui seul plusieurs fonctions. Ainsi, le mentor peut jouer aussi le rôle de messager, celui qui envoie le héros à l'aventure, avant d'avoir à le conseiller ;

- Tous les personnages ne sont pas forcément présents dans tous les récits ;

- L'ordre de leur présentation et, plus tard, l'ordre des étapes ne sont évidemment pas rigides. On peut commencer un récit par le milieu ou le début et, de la même façon, rencontrer le mentor, par exemple, alors que le voyage est déjà bien entamé ;

- De même les personnages, par la fonction qu'ils représentent, peuvent apparaître tout au long du récit ;

- Enfin, si vous adhérez à ce modèle, vous verrez que cette structure apparaît spontanément chez les auteurs (essayez avec un grand classique comme *Le Rouge et le Noir*, ça fonctionne !) et ce, parce qu'il s'agit bien ici, selon la théorie jungienne, d'inconscient collectif, d'un modèle structurel ancestral, celui des mythes et des légendes, enfin, d'un chemin d'homme.

---

1. Michel Ocelot, *Kirikou et la sorcière,* Milan Jeunesse, 2002.

### Le héros

Le mot « héros », étymologiquement, signifie celui qui protège, qui doit servir le groupe. Sa fonction sacrificielle est importante.

**Fonctions dramatiques** : il est le personnage principal de l'histoire et c'est autour de lui, de sa quête, que le récit va s'organiser. Parmi les sept personnages, c'est lui qui va connaître le plus grand nombre de transformations, d'évolutions, au cours de ce voyage. Son parcours symbolise, comme nous l'avons vu plus haut, les différentes étapes de la vie, des désirs à assouvir, des manques à combler… que l'on doit accomplir, parfois, malgré soi.

Le héros ne part jamais spontanément à l'aventure, il est poussé par une force intérieure plus forte que lui, une ou deux valeurs profondes sur lesquelles il a fondé, inconsciemment le plus souvent, sa vie, et ce, à tous les niveaux, qu'il s'agisse de l'affectif, du professionnel, du matériel… Songez à ce qui vous pousse à aller toujours de l'avant, ce sur quoi, à partir de quoi, vous vous êtes construit et qui vous guide. Cette valeur peut venir de loin, bien avant votre naissance, portée par vos grands-parents ou vos parents. Mais elle peut aussi avoir grandi de votre expérience d'enfant. Ce peut être la liberté, la justice, le besoin de transparence, la reconnaissance… Toute valeur qui fonde une partie de votre personnalité. La quête est par définition identitaire. Ce qui nous porte, c'est cette valeur à laquelle nous répondons. C'est elle qui crée la motivation. Quelle est, ou quelles sont les valeurs qui vous ont porté jusque-là ? Y répondre permet de mieux comprendre les ressorts psychologiques d'un personnage de fiction à inventer.

Dans un roman pour la jeunesse, cependant, le héros est encore en train de se construire. La valeur qui le porte n'est pas encore bien dessinée. Il s'agira davantage de *formation*, d'initiation au monde, de forces, de valeurs générales à éprouver.

**Fonctions psychologiques** : le héros représente le *moi*, cette partie de soi-même séparé de la mère, qui se sent différent et étranger au reste du monde et doit trouver sa place et son identité.

Ainsi, **Kirikou** est minuscule. Cette particularité le rend différent, étranger au reste du groupe. Ce trait physique constitue son handicap (mais l'humanise aussi et le rend sympathique). Il s'agira pour lui (objet de sa quête) de montrer que, même petit, il est grand. Non seulement en taille, mais en âme. Ainsi, il ne suffira pas de se battre mais de comprendre comment le monde fonctionne, pourquoi la sorcière est méchante. Il sortira grandi (au sens propre et figuré) de son voyage et trouvera sa place au sein du groupe. Kirikou, parce qu'il se met ainsi au service de son village, répond à la fonction originelle du héros. C'est seul qu'il bravera les dangers les plus grands.

Dans une quête, au moment le plus crucial, on est toujours seul face à soi, à l'autre.

### Le mentor

**Mentor**, c'est le nom du précepteur de Télémaque, le fils d'Ulysse. C'est aussi le *donateur* (rôle que l'on retrouve chez Propp), le vieux sage ou la bonne fée des contes, celui qui nous indiquera le chemin, nous fournira des armes pour pouvoir avancer.

**Fonctions dramatiques** : il enseigne, conseille le héros.

**Fonctions psychologiques** : il est le *soi*, le meilleur de nous-même, celui qui nous veut du bien, la conscience qui nous guide.

**La mère, le grand-père.** Le premier mentor est la mère de Kirikou. C'est elle qui va l'accompagner et le conseiller au cours de son voyage, le travestir en oiseau pour qu'il passe inaperçu, lui remettre l'objet magique (le poignard de son père disparu) qui devra l'aider dans sa quête : combattre la sorcière qui ruine le village. C'est encore elle qui le fera reconnaître comme son fils Kirikou aux gens du village lorsqu'il revient transformé en jeune homme au bras de la belle Karaba, métamorphosée, elle aussi, du côté du cœur.

L'autre mentor, dans la pure tradition du conte initiatique, est bien sûr le grand-père, image du vieux sage. Il lui donnera le secret qui délivrera Karaba et le village.

### Le messager

Mercure chez les Latins, Hermès chez les Grecs, il symbolise l'appel de l'aventure : coup de téléphone, lettre, personne, rêve, idée… Tout ce qui nous fait quitter notre *monde ordinaire* pour entrer dans *le monde extraordinaire de l'aventure*.

**Fonctions dramatiques** : il incarne la motivation, ce qui fait sortir le héros de son monde habituel.

**Fonctions psychologiques** : il annonce la nécessité d'un changement.

**C'est la mère de Kirikou** qui remplit aussi la fonction de messager, c'est elle qui l'envoie à l'aventure en lui expliquant, dès le début de l'histoire, pourquoi il ne faut pas gaspiller l'eau (Karaba la sorcière a asséché la source du village).

### Le gardien du seuil

C'est le Sphinx, Tirésias, Cerbère… chacun veillant au seuil du nouveau monde dont il faut pouvoir et savoir ouvrir les portes. Les gardiens du seuil ne sont pas forcément hostiles, même s'ils sont les sous-fifres des ennemis. Ils remplissent leur devoir et peuvent aussi devenir vos alliés. Le gardien du seuil symbolise les obstacles quotidiens – examens, méfiance des collègues lors d'une arrivée à un nouveau poste, le temps, les préjugés, l'oppression…

**Fonctions dramatiques** : il teste les forces du héros sur son chemin.

**Fonctions psychologiques** : il incarne les névroses (troubles affectifs et émotionnels dont la personne est consciente). Il s'agit pour le héros d'apprendre à traiter avec les gardiens, une épreuve majeure (entendez là nos vices ou nos limites, petits ou grands).

**L'oncle, les fétiches, les enfants du village, la zoriste, le phacochère…** Kirikou quitte le monde ordinaire (sa case, le village) et se dirige vers le monde extraordinaire de l'aventure. En chemin, il rencontre son oncle, parti combattre la sorcière, lui aussi. Son oncle refuse avec mépris de l'amener avec lui (Kirikou est trop petit). Par son attitude, l'oncle incarne un premier gardien du seuil, celui dont les préjugés interdisent l'entrée dans le monde extraordinaire. Par la suite, il deviendra un allié.

Les seconds gardiens du seuil sont, vous l'avez deviné, **les fétiches** de la sorcière, qui surveillent toute intrusion sur le territoire de Karaba.

L'oncle, qui était gardien ennemi sans le vouloir, va devenir gardien allié et, avec l'aide de Kirikou, tuer les fétiches qui les menacent.

**Les enfants du village**, eux aussi sont des gardiens du seuil contre lequel il faudra se battre. Ils refusent au départ d'embarquer Kirikou dans leur pirogue parce qu'il est trop petit et incarnent, comme l'oncle, les préjugés, les obstacles pour avancer. Kirikou doit leur prouver qu'il est grand, même s'il est tout petit.

Mais d'autres personnages, gardiens du seuil du monde extraordinaire, vont constituer des alliés cette fois : souvenez-vous, quand Kirikou rampe sous terre pour arriver sous la maison de Karaba, **une zorille** aux dents acérées saute sur une bande de petits rats palmistes. Kirikou va les sauver, et **les rats palmistes** lui indiquent le chemin de la sortie. La longue rangée de **calaos** à l'entrée de la caverne du grand-père (et qui vont le laisser entrer parce que le cœur de Kirikou est pur et plein de courage), l'ignorance, la bêtise et la méchanceté **des gens du village** quand il rentre au bras de Karaba, et qu'ils lui interdisent le retour au monde ordinaire... Tous ces personnages sont des gardiens du seuil qui ont pour fonction de tester le courage, l'intelligence et la générosité du héros. À chaque étape de la connaissance, Kirikou leur prouvera qu'il est digne d'obtenir l'objet de la quête.

## Le personnage protéiforme

Protée est le fils d'Océan et de Thétys, le vieil homme de la mer. Pour échapper au piège que lui tend Ménélas dans *L'Odyssée*, Protée se transforme tour à tour en lion, serpent, panthère, sanglier, ruisseau et arbre. Il symbolise aussi les sorcières et ceux que l'on croyait nos alliés et qui s'avèrent être nos ennemis, et vice versa. C'est un personnage double, ce que nous sommes aussi avec nous-même, tantôt ami, tantôt ennemi et ce, sans crier gare !

**Fonctions dramatiques** : il suscite le doute et le suspense.

**Fonctions psychologiques** : en analyse jungienne, il incarne l'*animus* et l'*anima* (l'énergie masculine et féminine), les fantasmes, le pouvoir et l'assurance de soi qu'il faut (re)trouver pour être le plus fort.

**Karaba la sorcière** est ce personnage double, d'abord sorcière cruelle, puis belle jeune femme douce une fois délivrée de l'épine qui, la faisant horriblement souffrir, la rendait méchante.

## L'ombre

Elle est le côté obscur, inexprimé, non réalisé. Elle symbolise les *méchants*, les antagonistes, les ennemis, ceux qui nous barrent la route tout au long de la quête. Pour rendre crédible le personnage de l'ombre, il faut l'affubler toujours de quelques touches d'humanité, de vulnérabilité. C'est ainsi plus difficile de combattre cet ennemi-là. Songez au conte de *La Belle et la Bête*.

**Fonctions dramatiques** : elle permet de défier le héros, de lui offrir un adversaire de qualité. N'importe quel personnage peut porter le masque de l'ombre… sachant aussi que notre plus grand ennemi est d'abord nous-même.

**Fonctions psychologiques** : elle incarne le pouvoir des sentiments refoulés, les personnages de nos cauchemars, la psychose (le malade sort du monde réel).

**Karaba, le monstre gluant**. Dans Kirikou, l'ombre majeure est bien sûr la sorcière (triple fonction de Karaba), le monstre gluant qui engloutit toute l'eau du village, l'un des sorts jetés contre les gens du village, avatar de Karaba, en quelque sorte. Mais **la huppe** au sortir du terrier des petits rats palmistes, **le phacochère** qui le poursuit, et aussi **les gens du village** lorsqu'ils se méfient de Kirikou (enfants comme adultes) sont des ombres également.

## Le trickster

Du verbe anglais *to trick*, faire une farce, jouer un tour, être malin – quelqu'un à qui rien n'échappe –, il représente à la fois le compagnon, le bouffon, le faire-valoir. Il est le catalyseur, celui qui attire l'attention sur l'absurdité parfois de certaines situations (songez au personnage de l'âne dans le film *Shrek* ou, plus classiquement, aux valets des comédies de Molière, au Sancho Pança de *Don Quichotte*…) Il entraîne des changements sains lorsque le héros commence à s'embourber dans un surplace stérile.

**Fonctions dramatiques** : il permet le soulagement comique.

**Fonctions psychologiques** : il facilite la remise des *ego* à leur place.

À noter, enfin, que, quand nous ne sommes pas le héros de l'histoire, nous remplissons nous aussi, par exemple, les fonctions positives de mentor, celui qui conseille et protège, parfois celle moins sympathique de gardien du seuil, défendant son petit territoire, voire le rôle encore moins reluisant de l'ombre, celui qui barre la route d'un quelconque héros en quête. Tout dépend du point de vue où l'on se place !

## Les douze étapes du voyage du héros

Si pour le conte merveilleux Propp a dénombré, comme nous l'avons vu plus haut, six grandes étapes, Vogler, quant à lui, élève de Campbell, en dénombre douze, réparties en trois actes. On retrouve dans *Kirikou et la sorcière*, les fonctions énoncées par Propp, ainsi que les douze étapes de Campbell.

- Acte I :
  1. **Le monde ordinaire.** C'est le village de Kirikou, celui dans lequel il naît. Le village vit dans la peur, sous l'emprise de Karaba la sorcière. Elle en aurait dévoré tous les hommes partis pour la combattre. À noter que le monde ordinaire est en couleurs. Dès que l'on arrive dans le domaine de la sorcière, le monde extraordinaire est en noir et en blanc.
  2. **L'appel de l'aventure.** Kirikou vient de naître et se lave. Sa mère lui annonce qu'il ne faut pas gaspiller l'eau, rare, parce que la sorcière a détourné la source. Kirikou décide de partir combattre Karaba. Ce n'est pas seulement Karaba qu'il va devoir combattre, mais les préjugés des gens du village, des enfants aux vieillards. Aucun ne veut entendre sa bravoure, se contentant de juger d'après les apparences.
  3. **Le refus de l'appel.** Kirikou ne refuse pas de quitter le monde dans lequel il vient à peine d'entrer, les héros sont en général plus récalcitrants pour partir à l'aventure.

- **Acte II :**
    4. **La rencontre avec le mentor.** Elle a lieu, dès la naissance de Kirikou, avec sa mère, premier mentor. Plus tard, elle se fera avec le grand-père.
    5. **Le passage du premier seuil du monde extraordinaire.** C'est là que le héros s'implique vraiment dans l'aventure. Le monde extraordinaire est habituellement sous la domination du *méchant* ou d'une ombre qui l'entoure de pièges. Une fois dans ce monde, les paliers de difficultés vont s'intensifier, et ce, jusqu'au cœur du problème à résoudre (cœur de la caverne) pour obtenir l'objet de la quête. En chemin, Kirikou rencontre son oncle, parti combattre la sorcière. Ce dernier refusant qu'il l'accompagne, Kirikou le suit en cachette. Il trouve en chemin un chapeau, et avance masqué. Pour pénétrer incognito dans le monde extraordinaire, c'est ainsi qu'il faut souvent s'avancer (songez simplement aux chasseurs qui se couvrent de feuilles et de branches pour pénétrer la forêt profonde). L'entrée du monde extraordinaire, c'est le domaine de Karaba, là où règne l'aventure et l'attendent les épreuves, est défendu par des fétiches et autres sortilèges. Ces derniers s'apprêtent à tuer l'oncle, mais Kirikou va le prévenir à temps et lui sauver ainsi la vie. Ce dernier va devenir désormais un allié.
    6. **Les tests, les alliés et les ennemis.** Kirikou doit faire ses preuves pour montrer qu'il est digne de poursuivre le voyage. Il va devoir combattre les préjugés des enfants, lesquels le snobent et refusent de jouer avec lui car il est décidément trop petit, on ne joue pas avec les bébés. Kirikou est peiné de ce refus et reste à jouer seul. Mais lorsque les enfants sont pris au piège de la sorcière, il n'écoutera que son courage et sa générosité et les sauvera. Il ne s'agit pas en effet que le héros combatte seulement des forces extérieures, mais aussi des forces intérieures, ici Kirikou a su ne pas écouter sa sensibilité et son orgueil blessés.

7. **L'approche.** C'est celle de la caverne, là où vivent les monstres, ombres géantes, à abattre, ambassadeurs de l'ombre. Kirikou a conquis l'amitié des enfants du village, il faut maintenant qu'il fasse ses preuves auprès des gens du village. Il va aller tuer le monstre gluant au fond de la caverne, celui qui assoiffe le village.

8. **L'épreuve suprême.** Le héros défie l'ombre et vit une première mort symbolique. Kirikou gagne son combat contre le monstre gluant au cœur de la caverne, et la source rejaillit. Mais il se noie dans l'aventure. Le lecteur, le spectateur, comme la mère de Kirikou et les gens du village, le croient mort et le pleurent. Mais Kirikou recrache l'eau qui avait envahi ses poumons et ressuscite, en quelque sorte. Désormais, Kirikou a conquis ce qu'il était allé chercher : d'une part, l'eau est revenue au village et, d'autre part, il a, de fait, su prouver au groupe qu'il ne fallait pas se fier aux apparences et respecter tout un chacun. Les ennemis sont devenus des alliés. Comme les chasseurs revenus de la forêt victorieux, il a droit au repos, proposé par sa mère. C'est le moment où le lecteur, comme le héros se remettent de leurs premières émotions. Mais Karaba n'est pas pour autant vaincue. Kirikou devra repartir à l'aventure, plus en avant encore, cette fois, et ce, jusqu'au cœur de la caverne. Pour atteindre son but, il lui faut connaître le cœur du problème, question qu'il ne cesse de poser : « Pourquoi Karaba est-elle méchante ? » Pour avoir la réponse à cette question qui va lui permettre de délivrer totalement le village, mais aussi de comprendre le pourquoi de la méchanceté et de la violence, Kirikou doit aller chercher la réponse auprès de son grand-père, un grand sage. Atteindre le lieu secret où ce dernier vit constitue encore une série d'épreuves. Il lui faut descendre au plus profond de la terre, c'est-à-dire de lui-même, s'armant de son courage, de son intelligence, de générosité (épisode de la descente souterraine chez les rats palmistes, de l'agression de la zorille jusqu'à la poursuite du phacochère). Kirikou sortira vainqueur de cette série d'épreuves, et digne désor-

mais d'obtenir la réponse à sa question. Cette descente symbolise le retour au ventre de la mère pour une deuxième naissance qui augure de sa métamorphose prochaine en jeune homme initié (*cf.* Mircea Eliade).

9. **La récompense (l'objet de la quête).** La récompense est la réponse à la question, donnée par le grand-père : Karaba est méchante parce que les hommes lui ont enfoncé une épine empoisonnée dans la colonne vertébrale. Cette épine lui donne ses pouvoirs de sorcière, mais, aussi, la fait horriblement souffrir. C'est ainsi qu'elle ne cesse de vouloir se venger auprès du village de cette blessure injuste qu'on lui a infligée. Désormais, armé de la réponse à sa question, Kirikou va pouvoir achever sa quête. Et délivrer Karaba.

- **Acte III :**

    10. **Le chemin du retour.** L'ombre n'est pas tout à fait morte, elle va ressurgir. Une nouvelle mort qui peut être, celle-là, définitive si le héros n'a pas assez grandi pendant les épreuves passées. Pour faire sortir Karaba de son domaine, Kirikou retourne encore sous terre jusqu'au cœur de la caverne, la case de Karaba. Là, il reprend les bijoux qu'elle a dérobés aux villageois. Quand elle s'aperçoit de leur disparition, Karaba, furieuse, sort de son domaine à la poursuite de Kirikou. Caché dans un arbre, Kirikou l'attend. Quand la sorcière passe à proximité, il se jette sur elle et retire l'épine empoisonnée.

    11. **La résurrection.** Kirikou a fait ses preuves, réussi sa quête. Le voilà transformé. Il demande à la sorcière, délivrée et reconnaissante, de lui donner un baiser. Et meurt alors à ce qu'il était, métamorphosé soudain en un magnifique jeune homme. Kirikou a trouvé l'amour en Karaba. La connaissance qu'il a désormais du cœur des humains, de ses forces et de leurs limites, a fait de lui un homme qui a su répondre à sa mission originelle de héros, celle de protéger, sauver le groupe. Il lui faut encore franchir une dernière épreuve : montrer aux gens du village que Karaba n'est plus une

## LE RÉCIT : FORCE ET PERMANENCE DES ARCHÉTYPES

sorcière, leur ouvrir les yeux sur les préjugés, la méchanceté issue de l'ignorance.

12. **Le retour avec l'élixir.** Les villageois, voyant arriver cet inconnu au bras de Karaba, s'apprêtent à les mettre à mort et ne croient pas la mère de Kirikou qui affirme reconnaître son fils. De même qu'ils refusent de comprendre le chemin parcouru. Mais le grand-père arrive, avec lui tous les hommes du village bien vivants, anciens fétiches délivrés des sortilèges de Karaba. Kirikou a acquis la reconnaissance du village (objet de la quête), mais aussi, grandi, franchi tous les paliers de la connaissance (l'élixir), découvert comment fonctionne la nature humaine, acquis la sagesse. Il est devenu un homme, mûr pour être marié à la belle Karaba qu'il a conquise et délivrée, prêt pour prendre la place qui lui revient désormais au sein de la communauté. Et, en héros exemplaire, partager avec eux cet élixir, la connaissance.

Il ne s'agit pas, bien sûr, d'appliquer à la lettre, et dans cet ordre de présentation, le voyage du héros. L'ordre des étapes peut être bouleversé. Ainsi, on peut présenter le début de l'histoire à l'étape de l'épreuve suprême, par exemple, et remonter dans le passé pour revenir à ce point de départ. Le voyage du héros doit vous servir d'appui pour donner toute l'intensité dramatique, tout le suspense qui font le succès d'une histoire.

# 8

# Le personnage : au plus près du lecteur

## Le héros

### Il est moteur de l'histoire

La notion de « personnage » est à entendre au sens le plus large : ce peut être un être humain, mais aussi un animal, un objet, un élément comme le ciel ou la terre…

Quoi qu'il en soit, après la présentation des personnages archétypiques et l'analyse de *Kirikou et la sorcière,* vous admettrez que le personnage principal, le héros mérite toute votre attention ! C'est lui qui crée l'histoire, c'est autour de sa quête qu'elle va s'organiser. C'est lui, encore lui, qui va subir le plus grand nombre de transformations au cours de son aventure. Ainsi, le héros-type d'un roman pour adolescent est en général un jeune Occidental contemporain, ce qui permet au lecteur de l'approcher comme son semblable, de s'identifier à ses aventures, de les vivre avec lui, de vouloir, parfois même, ressembler au héros.

### À la recherche de son identité

Il est, comme le jeune lecteur, à la recherche de lui-même, s'interrogeant sur son identité morale et sur le comportement des grands qu'il ne saisit pas, encore impuissant face à un monde qu'il cherche à comprendre et contre lequel, par peur, il peut se montrer rebelle. Sans pour autant s'idéaliser lui-même. Les héros, comme les jeunes de la vraie vie, savent que le mal est déjà en eux et qu'il peut se déclarer dès lors qu'ils sont livrés à eux-mêmes ; tels les personnages de William Golding, dans *Sa majesté des mouches*.

Mais, quelles que soient leur recherche et sa profondeur, les héros ont tous, plus ou moins fortement, à l'image du jeune lecteur, *« un besoin insatiable de curiosité, une impertinence, qui n'est pas délibérée, mais cette façon crue qu'ont les enfants de voir les choses »*[1].

### Héros, oui, mais avant tout humain !

Un héros, pour être crédible et permettre l'identification, se doit de n'être pas parfait, comme dans la vie. C'est un des ressorts qui crée le succès d'une histoire : il faut toujours affubler son personnage principal de quelques traits ou particularités qui restent à parfaire : Kirikou, pour reprendre cet exemple, est tout petit, *trop* petit. Autre exemple : dans la série des *chick lit* (la littérature des poulettes), l'héroïne est une anti-héroïne, qui vit en clan, commet gaffe sur gaffe et possède une langue bien pendue.

Ce sont ces caractéristiques qui donnent aux héros leur différence et leur humanité, leur authenticité. Ainsi, méfiez-vous de mettre en place dans un récit un héros stéréotypé, figure de l'ange ou du prince de conte de fées, trop parfait, sans consistance ; l'enfant ne pourra pas y reconnaître un *humain* et s'en détournera.

### En évolution constante

Le héros se devra d'évoluer (de mûrir) au cours de l'histoire : comme nous l'avons vu plus haut, c'est l'un des fondements mêmes d'un récit. Cette évolution ne doit pas se faire brutalement, mais progressivement, au cours du récit, et ce, sous la contrainte d'événements propres à sa quête. De même qu'il évoluera dans l'histoire, au fil de

---

1. in Interview de Pierrette Fleutiaux, 2008.

l'intrigue… comme au fil de l'écriture vous en préciserez la personnalité. Il risquera même de vous surprendre !

### Libre et plus âgé que le lecteur

À noter, s'il ne s'agit pas spécifiquement d'une histoire se déroulant au sein de la famille, que les héros sont souvent orphelins ; c'est également ainsi que les enfants les imaginent spontanément quand ils inventent une histoire, surtout s'il s'agit d'une aventure. Inutile de s'encombrer de parents qui risqueraient d'entraver l'aventure !

Enfin, le héros peut être plus âgé que son lecteur, mais certainement pas plus jeune, ça ne marche pas. Transgression, oui, régression jamais ! C'est une des raisons, d'ailleurs, qui pousse les jeunes et bons lecteurs à lire souvent au-dessus de leur âge. Un ado lira rarement des contes, « c'est bon pour les bébés ! », du moins dans leur forme traditionnelle.

## Les personnages secondaires : réalité et consistance du récit

### Une fonction essentielle

Ils focalisent moins l'attention que le héros ou les personnages principaux, par définition (le compagnon du héros, l'ennemi contre lequel il se bat, l'étranger rempli de générosité et de connaissances chez lequel le héros se réfugie, par exemple), mais leur fonction, surtout si elle est l'objet de l'histoire, n'en est pas moins essentielle. Les personnages secondaires vont mettre le héros en valeur, permettre de voir et de comprendre sa psychologie dans les relations qu'il entretient avec eux, donner ainsi réalité et consistance au récit.

### Des personnages « remarquables »

Si l'histoire se passe autour de l'école, ce seront les meilleurs amis, les copains de classe, les professeurs, selon l'importance de leur rôle dans l'histoire ou s'il s'agit d'un roman d'aventure ou d'une *fantasy*, tous ces personnages, peuple inconnu ou connu, qui font partie de l'histoire et de son décor.

Quels qu'ils soient, les personnages principaux et secondaires devront être plus ou moins *remarqués*, identifiables selon leur importance par des traits caractéristiques. Même si le narrateur s'attarde moins à les décrire, ils n'en posséderont pas moins, pour autant, un nom, à défaut quelque mot qui les nommera. Avec les personnages secondaires, surtout dans un récit pour la jeunesse, vous n'échapperez pas aux stéréotypes, mais ils sont parfois nécessaires ! Enfin, si le héros doit, par définition, évoluer pendant l'histoire, et si sa *transformation* doit être notoire, la plupart des personnages secondaires restent, quant à eux, généralement inchangés.

## Le nom des personnages : une marque, une existence

Le nom caractérise le personnage, nous suggère quelques grands traits de sa personnalité. C'est une fois nommé que le personnage existera vraiment. Ainsi, aucun nom n'est donné par hasard dans une histoire, qu'elle soit pour adulte ou pour la jeunesse : Fifi brin d'acier, Petit Ours brun, Tom Sawyer, Harry Potter, Cornebique, Max et Lili… Tous ces noms de héros renseignent déjà le lecteur. Parfois, le héros ne possède pas de nom propre, mais un nom commun le caractérise : « la fille du bout de la rue », « la bête », « le monstre », « le goinfre »…

## Les grands mythes : un trésor inépuisable

Vous en avez pressenti toute la force plus haut, lors de la lecture du « Voyage du héros ». L'utilisation des grands mythes, et avec eux des personnages archétypiques, inconsciente ou consciente, peu importe, donne aux personnages, nous l'avons vu, une intensité dramatique, toute leur vérité, leur profondeur. N'hésitez pas à revisiter tous ces personnages des mythes et des légendes, ils sont une source inépuisable d'inspiration. Ils nous donnent à voir nos combats, nos contradictions, nos désirs, ces parts de nous-même que nous préférons ignorer, parfois. Et symbolisent, dans leur recherche, ces forces vitales qui nous guident. Pour les jeunes, cette lecture de leur personnage secret, en quelque sorte, est formatrice, rassurante, consolante.

Ainsi, vous pouvez vous inspirer des personnages mythiques de l'Antiquité (Persée, Ulysse…), légendaires (Lancelot, très demandé en bibliothèque en ce moment), littéraires (Faust, Don Juan, Robinson Crusoé…), de figures archétypales plus directement perceptibles (animaux légendaires, monstres en tout genre) ou de thématiques fortes, car humaines, comme, dans le mythe du double, le combat entre l'ange et le démon (Dr Jekyll et Mr Hide…).

Pour illustrer le thème du double, voici l'exemple du livre d'Anne Finn, *Mon amitié avec Tulipe*, où l'auteur met en scène ce combat entre l'ange et le démon, personnages du double, à travers l'amitié de deux filles ; l'argument est simple, le livre et le style, superbes : une enfant sombre, mauvaise élève, en révolte, battue par son père, Tulipe, et Nathalie, la narratrice, bonne élève, bonne fille, bien aimée, elle, de son père. Nathalie, fascinée par la différence, l'opposition, cherche à *sauver* Tulipe. En réalité, ce sont les parts sombres de sa psyché, comme chacun d'entre nous, qu'elle découvre et veut vivre à travers Tulipe. Dans cet extrait, proche de la fin du livre, Tulipe, *au bout de* son personnage, vient d'incendier une grange (le bouquet final, pourrions-nous dire, du roman) :

*« La grange explosa. Je n'avais jamais rien vu sauter en l'air comme ça. D'immenses flammes léchaient le ciel et la fumée s'élevait en volutes, comme un grand génie noir sortant d'une bouteille où il était emprisonné depuis des millénaires. Le feu ronflait et craquait. Des chevrons s'effondraient comme des fétus de paille. Et au-dessus des râteliers qui se calcinaient, des étincelles dansaient en craquant et sifflant.*

*– Nathalie ! Nathalie !*

*Je me dégageai. Je ne voulais qu'une seule chose : rester là à regarder ce grand dragon orange sauter de plus en plus haut.*

*– Nathalie ! Vite, sinon on va se faire pincer ! La police soupçonne toujours les gens qui restent là à regarder !*

*Elle avait beau faire et dire, je ne bougeai pas.*

*À quoi bon se donner tant de mal pour allumer un feu si ce n'était pas pour le regarder ?*

*{…}*

> – Oh, Nathalie, je t'en supplie ! Nathalie !
> Elle me tirait tellement fort que je fus obligée de partir. Mais tandis que je la suivais en trébuchant, tout en me retournant pour regarder encore, je savais que j'étais ensorcelée. J'étais marquée au fer rouge par le sortilège de Tulipe. Je savais que, désormais, je rêverais d'incendies toute ma vie[1]... »
>
> Anne Finn, Mon amitié avec Tulipe

## Les techniques d'approche d'un personnage

Comment présenter vos personnages au cours d'un récit ? Voici les principales techniques :

### Par la description

En décrivant votre personnage, physiquement, vous allez lui donner de la chair. Il ne s'agit pas de tout donner tout de suite, mais de distiller les informations, par petites touches successives, dans les premiers moments de votre histoire. Et ce, sous la forme d'un portrait (par la voix du narrateur lui-même, ou par la voix d'un autre personnage qui le décrit).

Dans cet exemple, sur quelques lignes, trois portraits :

> « La porte de la remise s'est ouverte et Aziz est entré dans le magasin suivi de la minuscule Linda. Je crois qu'Aziz a une vingtaine d'années. Il est aussi grand que son père est petit, taillé en hercule, avec des cheveux qu'il garde très très courts. Il m'a fait la bise pendant que Linda se cachait derrière lui et il s'est tourné vers Jules[2]... »
>
> Pierre Bottero, Le Garçon qui voulait courir vite

---

1. Anne Finn, *Mon amitié avec Tulipe*, L'École des loisirs, coll. « Médium », 1998.
2. Pierre Bottero, *Le Garçon qui voulait courir vite*, Castor Poche Flammarion, 2002.

# Le personnage : au plus près du lecteur

## Par le dialogue

Celui-ci va permettre de présenter et de singulariser votre héros ou les autres personnages à travers ce qu'ils racontent, tant au niveau du contenu que de la forme de leur expression.

Dans cet exemple, vous retrouvez Tulipe, le personnage *sombre* rencontré plus haut :

« *Et puis un jour, j'entendis les professeurs parler d'elle.*
*– Qu'est-ce qu'elle a bien pu faire à ses cheveux, cette gamine ?*
*– Laquelle ?*
*– Tulipe Pierce.*
*Je baissai la tête et me cachai un peu mieux derrière la caisse des objets trouvés.*
*– Ah, Tulipe.*
*Les professeurs regardèrent un instant par la fenêtre, sans dire un mot, puis l'un d'entre eux reprit :*
*– Elle est bizarre, cette Tulipe Pierce.*
*Sa collègue renifla.*
*– Moi, je ne sais pas comment la prendre. Chaque fois qu'on lui adresse la parole, elle répond avec insolence. Mais dès qu'elle a quelque chose à demander, elle joue les petites filles modèles.*
*– Vous avez vu ses ongles ? Rongés jusqu'au sang.*
*– Je me demande vraiment ce qu'elle a fait à ses cheveux. On dirait que quelqu'un les lui a coupés au sécateur*[1]. »

Anne Finn, Mon amitié avec Tulipe

## Par le jeu des relations et des situations

Par l'interaction et la réaction des personnages entre eux, les relations qu'ils entretiennent, les situations mises en œuvre, ce que celles-ci provoquent sur le plan de l'action (avancement du récit) et ce qu'elles nous apprennent de la psychologie des personnages.

---

1. Anne Finn, *Mon amitié avec Tulipe*, op. cit.

« – Elle est horrible ! chuchota Roger.

Scott et Randy se mirent à rire. David rit lui aussi, même s'il ne trouvait pas ça drôle. Mrs Bayfield n'était pas horrible. C'était juste une vieille dame seule qui portait des habits un peu bizarres. {...}

Devant sa maison à deux étages, grande mais plutôt délabrée, Mrs Bayfield se balançait dans un vieux fauteuil à bascule. Elle portait une robe à fleurs jaunes et blanches et un gilet rouge. Un chapeau rouge recouvrait ses longs cheveux gris. Elle avait aux pieds des baskets montantes, rouges, et de grandes chaussettes violettes. Sa canne à têtes de serpent reposait sur ses genoux.

Ils étaient venus lui voler sa canne. {...}

– Regardez ses cheveux, dit Scott. Je parie qu'elle les a jamais lavés.

Les garçons rirent, et David aussi.

– Je parie qu'elle a jamais pris un bain ! dit Roger. Vous avez déjà senti son odeur ?

– Je la sens d'ici, dit Scott en se bouchant le nez. Elle sent le bouc !

Roger et Randy rirent et, encore une fois, David rit lui aussi, mais pas parce qu'il trouvait ça drôle. En fait, il aimait bien l'odeur de Mrs Bayfield. Il trouvait qu'elle sentait le thé chinois. Une fois, en faisant la queue à la poste, il s'était retrouvé derrière elle. {...}

C'était là aussi qu'il avait pu observer la canne en détail.

Il se garda bien de dire à Roger et à Randy que Mrs Bayfield sentait le thé. Scott aurait encore trouvé ça ringard.

– Bon, Scott, dit Roger. À mon signal, tu attrapes la canne. Randy et moi, on s'occupe de la vieille.

– Et moi, qu'est-ce que tu veux que je fasse ? demanda David.

Roger ne répondit pas. Il se contenta de le regarder, comme s'il ne savait pas ce qu'il faisait là[1]. »

Louis Sachar, Le Garçon qui avait perdu la face

---

1. Louis Sachar, *Le Garçon qui avait perdu la face*, L'École des loisirs, 2003.

## Le personnage : au plus près du lecteur

### Par l'action

Dès le début de l'histoire, le lecteur doit rencontrer le héros, plongé dans le *problème à résoudre*, moteur de l'action. La nature de celui-ci nous renseigne déjà sur la motivation du héros, ses valeurs, ce qui va (ou l'a) l'entraîner dans l'aventure, les qualités qui lui seront ou lui ont été nécessaires (qu'ils possèdent déjà ou non).

> « *Voici le petit James Henry Trotter à l'âge de quatre ans.*
>
> *Jusque-là, c'était un petit garçon très heureux. Il vivait en paix avec son père et sa mère dans une jolie maison, au bord de la mer. Il avait de nombreux compagnons de jeu avec qui il passait son temps à courir dans le sable et à barboter dans l'océan. Bref. C'était la belle vie, la vie dont rêvent tous les petits garçons.*
>
> *Puis, un jour, les parents du petit James se rendirent à Londres pour faire des achats et il leur arriva une chose épouvantable. Tous deux furent dévorés, en plein jour qui plus est, dans une rue pleine de monde, par un énorme et méchant rhinocéros échappé du jardin zoologique.*
>
> *Ce qui, vous imaginez sans peine, devait être une épreuve plutôt pénible pour de si gentils parents. Mais, réflexion faite, elle fut bien plus dure encore pour le petit James. Car leurs ennuis à eux ne durèrent que quelques secondes. Trente-cinq secondes exactement. Tout juste un mauvais moment à passer. Tandis que le pauvre petit James, lui, était bel et bien vivant, solitaire, sans défense dans un monde immense et hostile. La jolie maison au bord de la mer fut vendue aussitôt et le petit garçon expédié chez ses deux tantes avec pour tout bagage, une petite valise contenant un pyjama et une brosse à dents.*
>
> *Elles s'appelaient respectivement tante Éponge et tante Piquette, et je suis au regret de vous dire que toutes deux étaient terriblement méchantes. Méchantes et égoïstes et paresseuses et cruelles*[1]. »
>
> Roald Dahl, *James et la grosse pêche*

---

[1] Roald Dahl, *James et la grosse pêche*, Gallimard, coll. « Folio Junior Théâtre », 2003.

### Par le monologue intérieur, les pensées

Ceux-ci nous donnent accès à l'intimité des personnages, nous les rendent plus proches, plus familiers, peuvent dévoiler leurs desseins.

> *« On était presque en décembre et Jonas commençait à avoir peur. Non, ce n'est pas le bon mot, pensa Jonas. La peur, c'était ce sentiment de nausée profonde quand on pressentait que quelque chose de terrible allait arriver. C'est ce qu'il avait ressenti un an auparavant lorsqu'un avion non identifié avait survolé la communauté à deux reprises[1]. »*

Lois Lowry, Le Passeur.

### Par une fiche personnage

La recherche minutieuse de vos personnages par cette fiche vous permettra de les construire solidement et de puiser tout au long de l'histoire les renseignements que vous aurez consignés. Ne vous étonnez pas si, en cours d'écriture, les vilains vous échappent. Les personnages de fiction, c'est comme ceux de la vraie vie, souvent prêts à prendre des chemins de traverse. Attention, donc, à veiller à leur cohérence tout au long de l'histoire !

## Fiche personnage

Nom – prénom – surnom

**Caractéristiques physiques**
- Sexe
- Âge, lieu de naissance
- Nationalité
- Taille et poids
- Visage (portrait détaillé)
- Apparence
- Marques éventuelles (cicatrice, anomalie…)
- Vêtement habituel
- Accessoires courants (lunettes, bijoux…)

>

---

[1]. Lois Lowry, *Le Passeur*, L'École des loisirs, coll. « Médium », 1993.

- Façon de parler
- Est-il accompagné d'un animal ? Lequel ?

**Situation sociale et familiale**
- Où habite-t-il ? (pays, ville, adresse, nature de l'habitat, environnement, école, chambre…)
- Son milieu social
- Sa situation familiale (orphelin, parents vivants, divorcés ?)
- La profession de ses parents
- Leur mentalité, leur cadre de vie, leurs habitudes…
- Quelle éducation reçoit-il ?
- Ses frères et sœurs ? Quelle place occupe-t-il dans la fratrie ? Quelles relations a-t-il avec eux ?
- Sa scolarité (écoles, matières favorites)
- Quels sont ses amis ? Sa ou son petit(e) ami(e) ?
- Quel est son meilleur ami ?
- A-t-il des ennemis, des rivaux ? Pourquoi ?

**Psychologie**
- Sa quête : qu'est-ce qui motive le héros ? Quels objectifs à atteindre ?
- Quelles valeurs le portent ? Quelles croyances, quelles ambitions ?
- Son caractère (calme, généreux, bavard, rêveur, sentimental…)
- Ses qualités
- Ses faiblesses
- Ses capacités intellectuelles particulières (fort en maths, en sciences…)
- Ses relations avec les autres (ouvert, fermé…)
- Ses goûts (nourriture ou autres), ses dégoûts
- Ses loisirs (sport, net, jeux, hobbies, collections…)
- Ses musiques et ses livres, films, séries préférés
- Obstacles qu'il peut rencontrer au cours de sa quête ?
- Comment le personnage évolue-t-il au cours de l'histoire ?
- Quels traits principaux du personnage le lecteur doit-il garder en mémoire ?

Pour un personnage qui tienne la route, veillez à ce que tous les éléments imaginés soient cohérents entre eux.

# 9
# Qui raconte l'histoire ? Le point de vue du narrateur

### Une même longueur d'onde !

Cette voix qui raconte une histoire, celle du narrateur, est essentielle à la construction d'un récit. Le *contact* que le narrateur va mettre en place avec son lecteur, et ce dès la première phrase du récit, est déterminant, bien plus qu'en littérature générale : n'oubliez pas que le jeune lecteur est impatient ! D'emblée, c'est cette voix qui va le rapprocher ou l'éloigner du récit. Une voix qui s'exprime, pour cette raison, souvent à la première personne, « je ».

Avant de déterminer quelle posture du narrateur est la plus pertinente en écriture jeunesse, voici quelques rappels théoriques :

- **L'auteur.** C'est celui qui a écrit un texte, quel qu'il soit.
- **Le narrateur.** C'est la voix que l'auteur utilise pour rapporter les événements qui constituent le texte ou le récit.
- **Le récit à la troisième personne.** Ce narrateur peut être un observateur *extérieur* à l'histoire qu'il raconte, et, dans ce cas, le récit sera écrit à la troisième personne tout au long du texte : ce même « il » des contes, ce « il était une fois ». C'est le cas le plus utilisé en littérature générale.

« *Assis au troisième étage du train qui le ramène chez lui, Linus Hoppe se bouche le nez. Les autres passagers n'y prêtent plus attention, mais lui, il ne s'habitue pas au parfum d'ambiance vanillé qui flotte dans la rame. Cette odeur douceâtre qui imprègne jusqu'aux vêtements des voyageurs le rend malade[1]. »*

Anne-Laure Bondoux, *Le Destin de Linus Hoppe*

- **Le récit à la première personne.** Le narrateur peut aussi nous rapporter des faits observés de l'*intérieur* (il est partie prenante de l'histoire) et s'exprimer à la première personne, « je ». Dans ce cas, la voix de l'auteur et celle du narrateur se confondent. Et le lecteur – c'est fait exprès – se demande toujours, à un moment ou à un autre, si le narrateur nous raconte son histoire vraie, une fiction pure, ou un peu des deux à la fois. En roman jeunesse, le récit à la première personne permet de se rapprocher du lecteur.

*« J'ai disparu la veille de l'anniversaire de mes douze ans. Le 28 juillet 1988. Aujourd'hui seulement, je peux enfin raconter toute cette histoire extraordinaire, la véritable histoire de ma disparition[2]... »*

Michael Morpugo, *Le Royaume de Kensuké*

Mais ce narrateur qui met en scène l'histoire, qui est-il ? Que voit-il ? Et d'où parle-t-il ? Car c'est au travers de son regard que se construit et se déroule l'histoire, de *son point de vue*. Nous fait-il accéder à toute l'*information*, et à quel rythme ?

# Qui voit quoi ?

## Les grands cas de narration

Ils sont au nombre de trois :

- **Le « il » et la vision omnisciente.** Comme un dieu, le narrateur est partout, dans tous les lieux. Il connaît le passé de ses personnages, nous les montre au présent, nous prévient de l'avenir. Il voit tout autant les apparences que les réactions et les pensées les plus intimes de ses personnages et ne dévoilera que ce qu'il veut

---
1. Anne-Laure Bondoux, *Le Destin de Linus Hoppe*, Bayard Jeunesse, 2001.
2. *Op. cit.*

bien nous confier au fil de l'histoire, ménageant ainsi l'action et le suspense. C'est ce que l'on appelle un narrateur *omniscient.*

Même si le récit est raconté à la troisième personne, il faut que le jeune lecteur ait l'impression qu'il est raconté à la première personne, que cette voix lui est toute destinée, pour qu'il puisse tout de suite s'identifier, se reconnaître dans la description, les sentiments du personnage, et ainsi s'approprier l'histoire. Pour le jeune lecteur, que le livre soit écrit à la première ou la troisième personne, narrateur et héros ne font toujours qu'un.

*« Il restait immobile, toujours appuyé contre la grille. Il se sentait chétif, malheureux, gonflé d'une rage impuissante. Il aurait voulu fabriquer de la poudre dans son laboratoire et mettre une bombe sous les pieds de Tante Léontine. On devrait bien aller se noyer dans la citerne, rien que pour l'ennuyer[1]. »*

Sigfrid Siwertz, *Les pirates du lac Mélar*

- **Le « il » et la vision externe**. Le narrateur nous raconte ce qu'il voit d'un point de vue uniquement extérieur. Il n'a pas accès aux pensées de ses personnages, il nous laisse les entendre, comme il les entend, les voir, comme il les voit. C'est par le déroulé de l'action qu'il nous donne à comprendre les événements qu'il nous décrit, que nous pouvons imaginer leur psychologie, leurs états d'âme.

- **Le « je » et la vision interne, du point de vue du personnage**. Le narrateur se place du point de vue du personnage. Le texte est écrit à la première personne, ce « je » n'a accès qu'à sa propre vision. Tout ce qu'il nous raconte, et qu'il a découvert ou découvre progressivement par lui-même, est vu de l'intérieur, à travers ses seuls sens, ses seules pensées. Dans ce cas, la perception du réel reste limitée, sans pour autant nuire à la narration. C'est ce même « je » des autobiographies ou des journaux intimes, très prisés par les jeunes lecteurs, à condition qu'il s'exprime comme si le narrateur avait encore toute la vie devant lui.

---

1. Sigfrid Siwertz, *Les pirates du lac Mélar*, cité par *op. cit.*

Cette vision de l'intérieur, le *je, ici, maintenant*, où le narrateur semble se confier au lecteur, est très largement utilisée en littérature jeunesse, surtout pour les préados ou adolescents. Il permet au lecteur de s'identifier encore davantage au héros. La difficulté sera d'adopter une vision la plus ouverte possible, au point que le « je » semble s'effacer pour donner à voir comme à la troisième personne. Ce sera aussi, selon les récits, d'adopter un ton et un style juvéniles, actuels, et non pas d'utiliser un « Je » idéalisé, fantasmé, dans lequel le jeune lecteur ne pourra pas se reconnaître. Il s'agit bien là de *s'incarner* dans le héros, avec naturel et simplicité. Et si le style y participe… vive la littérature jeunesse !

Quelle que soit la posture, le ton se doit toujours d'être bienveillant pour *accrocher le lecteur*, même si le récit est dramatique (mais finira bien, dans la très grande majorité des cas, comme il a déjà été dit).

## Les principales postures du narrateur

Elles sont au nombre de cinq :

1. **Le narrateur s'adresse directement au lecteur, à la deuxième ou à la troisième personne** : « *Et savez-vous ce qui arriva à l'horrible bête ?* » C'est le ton des contes pour les petits, et cette interaction les amuse. Les plus âgés, eux, n'apprécient pas vraiment cette intrusion du narrateur – cette voix d'adulte – dans le cours de leur lecture.

2. **Il commente ou rappelle la façon dont son récit est organisé** : « *Je vous avais bien dit au tout début de cette histoire que Cyril avait un secret… Alors qu'il était sur le point de sortir…* » En règle générale, les intrusions du narrateur (si ce n'est pas lui le héros de l'histoire) ne sont pas forcément les bienvenues pour un jeune lecteur. Cette voix adulte qui surgit peut l'agacer, voire l'éloigner de sa lecture, sauf, bien évidemment, s'il s'agit d'un jeune qui raconte son histoire.

3. **Il fait preuve de partialité, il juge**, surtout au XIXe siècle, avec, ici, un exemple tiré d'un écrivain jeunesse célèbre à l'époque :

> « *[...] Mais ses yeux roux, bordés de cils blonds, pétillaient d'esprit, et ses manières, son allure, ce je ne sais quoi d'inimitable qui forme la vraie distinction, en faisaient une grande dame de fort belle mine[1].* »
>
> Zénaïde Fleuriot, *Tranquille et Tourbillon*, Paris, Librairie Hachette, 1880.

Les postures 2 et 3, vous l'aurez compris, sont à éviter. Aujourd'hui, les rares interventions du narrateur omniscient sont vivement critiquées. C'est plus qu'une faute de style, c'est une faute d'éthique !

4. **Il donne des explications au lecteur pour la bonne compréhension du récit** : « *Au XIX$^e$ siècle, à l'époque des premiers trains vapeur...* » Attention à ne pas trop en faire là non plus, il faut rester d'égal à égal avec son lecteur et ne pas tenter de lui imposer en douce une leçon dont il n'a rien à faire.

5. **Il se place en témoin, voire donne l'impression de participer à l'action** :

   – **En employant un ton gai, dynamique** :

> « *Et Athos s'élança dans le bastion, monta sur la plate-forme et enleva le drapeau : seulement, comme les Rochelais étaient arrivés à portée de mousquet, ils firent un feu terrible sur cet homme, qui, comme par plaisir, allait s'exposer aux coups[2].* »
>
> Alexandre Dumas, *Les Trois Mousquetaires*

   – **En avouant ses difficultés à raconter** :

> « *Je vais essayer de vous raconter toute l'histoire comme si je n'en faisais pas vraiment partie, pour essayer de ne pas m'embrouiller[3].* »
>
> Brigitte Aubert, *Ranko Tango*

---

1. Zénaïde Fleuriot, *Tranquille et Tourbillon*, Paris, Librairie Hachette, 1880.
2. Alexandre Dumas, *Les Trois Mousquetaires*, cité Ganna Ottevaere van Praag, *op. cit.*
3. Brigitte Aubert, *Ranko Tango*, cité par Daniel Delbrassine, *op. cit.*

– **En employant le « on » :**

*« Cornebique n'hésite pas : il renverse son café fumant sur ses genoux.*
*– Aïe ! Je me suis brûlé ! Saleté de café !*
*On s'agite de tous côtés pour le soigner. Il baisse son pantalon sur ses chevilles, et on applique sur la brûlure des tissus imbibés d'eau fraîche. Cornebique gémit, pleure comme un enfant[1]. »*

Jean-Claude Mourlevat, *La Ballade de Cornebique*

## Le point de vue multiple : complexe et riche

Un même récit est raconté par plusieurs narrateurs, et non par un seul. La posture de chaque narrateur est l'une de celles décrites plus haut. Ce procédé, riche d'un point de vue narratif, peut être compliqué à mettre en place et surtout difficile, parfois, à appréhender par le jeune lecteur. Un tel procédé permet d'avoir une vision autant de fois différente qu'il y a de narrateurs sur un même événement (multiplication du point de vue).

Chaque narrateur peut aussi compléter ce que l'autre rapporte à propos d'un même événement, qui n'est pas vu en même temps, comme si l'on avait plusieurs conteurs et que leur histoire mise bout à bout permettait de faire sens.

Un dispositif narratif à ne pas confondre avec des récits alternés comme *Quatre filles et un jean*[2], où chaque récit, indépendant des autres, pourrait se suffire à lui-même. D'une certaine façon, le jean et l'amitié qui les relient étant un prétexte pour raconter quatre histoires différentes.

Voici un exemple de quatre points de vue multiples à la première personne sur un même événement (le récit en comporte davantage). Les différents témoignages des narrateurs permettent de reconstituer l'histoire, un *remake* du *Petit Poucet* :

---

1. Jean-Claude Mourlevat, *La Ballade de Cornebique*, Gallimard Jeunesse, coll. « Hors-piste », 2003.
2. Cité p. 35, dans le chapitre « Je veux des histoires vraies ! »

## Qui raconte l'histoire ? Le point de vue du narrateur

[Le récit de Nathalie Josse, trente-deux ans, assistante sociale]

« *Je suis une des dernières personnes qui ont vu Yann Doutreleau vivant. Enfin, je crois. Il était posé à côté de moi dans la voiture. Je dis bien "posé", pas assis. Ses jambes trop courtes étaient étendues à plat sur le siège et pointaient vers l'avant, raides comme des bâtons.* »

[Le récit de Marthe Doutreleau, quarante ans, mère de Yann]

« *Qu'est-ce qu'elle croyait la Parisienne ? Que j'allais y offrir le thé au salon ? Qu'on allait grignoter des petits-fours ? Ça se pointe sans prévenir chez les gens, ça tortille les fesses et ça vient vous faire la leçon ! Si seulement cet abruti de Corniaud y avait arraché un bifteck au mollet, mais y faisait qu'aboyer, cette japette. J'ai fini par y envoyer la poêle sur le museau pour le faire taire. J'ai failli attraper la fille, c'est pas passé loin, dommage.* »

[Le récit de Louis Doutreleau, père de Yann, quarante et un ans]

« *La Marthe, tant qu'on aura un morceau de pain dur à tremper dans l'eau pour le faire mollir, elle appellera ça de la soupe. Et quand y'aura plus rien, elle ira quémander dans les bureaux, elle se fera plaindre. Et si elle a plus droit à rien dans les bureaux, elle ira se mettre à la sortie de la messe le dimanche et elle tendra la main. Sans vergogne. Elle baissera juste la tête pour pas voir les yeux des gens. Les femmes c'est comme ça. Elles sont comme les bêtes. Elles feraient n'importe quoi quand leurs petits ont faim.* »

[Le récit de Daniel Sanz, quarante-huit ans, chauffeur routier]

« *Toute une tripotée de gosses. D'un seul coup dans mes phares. Et qui lèvent les bras en l'air :*

*– Arrêtez-vous ! Arrêtez-vous !*

*Vous les auriez vus, tous la bouche grande ouverte. Pas la peine de savoir lire sur les lèvres comme les sourds et muets. C'était clair, ce qu'ils voulaient : monter dans le camion.*

*J'ai pas eu à freiner beaucoup. La route est mauvaise à cet endroit, alors là avec la pluie, c'était le pompon. C'était à la sortie d'un virage serré en plus. Bref, j'étais presque à l'arrêt. Bon. J'ouvre la portière et les voilà qui grimpent. J'en compte un, deux, trois, quatre. Tous trempés comme des soupes à dégouliner de partout. Et deux de plus ! Et allez ! Et ça se ressemble en plus[1]. »*

Jean-Claude Mourlevat, *L'Enfant océan*

### Trois critères fondamentaux : rapidité, affectivité, participation, selon Ganna Ottevaere van Praag

*« Comment se manifeste le narrateur ? Comment crée-t-il l'attente ? C'est par sa rapidité que le discours narratif dans le roman jeunesse entraîne un lecteur impatient d'arriver au dénouement de l'histoire. Celui qui parle ne peut donc s'attarder. Pour ne pas ralentir la progression du récit, il n'informe, ne détaille ni ne développe en abondance. [...]*

*Bien plus que l'adulte, la communication doit ici se parer d'une affectivité spécifique. Une telle "chaleur" dans l'expression implique un minimum de participation au monde de l'adolescent de la part de l'écrivain. En résumé, rapidité, affectivité, et en outre une participation suffisante pour vaincre la distance émetteur-récepteur sont dans tous les cas les trois critères fondamentaux de succès[1]. »*

Primordial, le point de vue. Réfléchissez bien avant de le choisir, il est déterminant de toute votre histoire. Imaginez un réalisateur de cinéma face à un scénario. L'histoire est là, mais l'écriture est neutre (on l'appelle « blanche » aussi, parfois). Quelles images, quelles prises de vue, quelles profondeurs de champ vont servir au mieux l'histoire pour qu'elle se déploie dans toute son originalité et touche le spectateur ? Tout est affaire de regard, de posture.

---

1. Jean-Claude Mourlevat, *L'Enfant océan*, Pocket Jeunesse, 1999.
2. Ganna Ottevaere van Praag, *Le roman pour la jeunesse, op. cit.*

# 10
# Les temps du récit : « Il était une fois… »

## L'imparfait

### Le temps du récit

*« Il était une fois… »* Voilà le sésame de tout récit. À peine entendu, les oreilles se dressent, l'attention est captée. Nous sommes dans l'espace intemporel des contes, qu'ils soient oraux ou écrits. Le temps du récit, par ses origines mêmes, celui des mythes et des légendes, est par excellence celui du passé et offre un jeu sur toute la palette des différents temps et modes grammaticaux. Il épouse le rythme, le sens, le style de la narration et va contribuer à créer l'attente, le suspense. La narration n'a pas lieu dans le même temps que se déroule l'histoire. Elle revient sur le passé, explique, dévoile : *« Camille était restée longtemps une petite fille timide… »* Ou projette le récit dans l'avenir : *« C'est ainsi qu'elle devra partir chez son oncle, sans avoir eu le temps de dire au revoir à tous ses amis… »*

### Pour que le désir de lire se poursuive

Mais ces retours sur le passé, ou ces projections dans l'avenir, ne devront pas être trop longs. Dans un récit pour adultes, le narrateur peut s'attarder longtemps dans le passé. Dans un récit jeunesse, comme le souligne Ganna Ottevaere van Praag, on ne lit pas une histoire fondée sur des états d'âme. Ainsi, *exit* les longues méditations, les analyses psychologiques.

Le rythme de la narration doit satisfaire deux pulsions juvéniles : d'une part, l'envie frénétique d'arriver vite au bout de l'histoire pour savoir comment les événements se dénouent ; d'autre part, éprouver le désir que l'histoire ne s'arrête jamais. Ainsi, il ne faut pas raconter trop vite, tout est dans la distribution subtile des différents mouvements du récit.

### Le temps de la description dans le passé

L'imparfait est le temps du récit, le temps de la description :

> « *Le vent* plaquait *sur les vitres des poignées de neige fondue. J'ai allumé la radio, en espérant qu'elle me donnerait des nouvelles d'un certain Daniel, retrouvé mort dans un wagon-lit du Paris-Varsovie, mais on* entendait *sur les ondes que des routiers bourrus et des amoureux désespérés[1].* »
>
> Jean-Marie Laclavetine, « Bonheur d'aiguillage », *Train de vie*

## Le passé simple : le temps de l'action dans le passé

Il accompagne l'imparfait, c'est le temps d'une action immédiate dans le passé. N'hésitez pas à l'employer. Si les enfants ne savent pas l'utiliser avec aisance aujourd'hui, ils le comprennent très bien : « *Le train roulait tranquillement dans la nuit. Clara* prit *un livre dans sa valise,* alluma *la veilleuse. Au bout de quelques minutes, elle dormait profondément.* » Les romans historiques sont forcément truffés de passés simples. Leur emploi donne un petit ton précieux et désuet au texte, presque théâtral, absolument savoureux :

> « *Le soir venu, après avoir passé nos tenues de nuit, nous nous allongeâmes dans nos lits.*

---

[1]. Jean-Marie Laclavetine, « Bonheur d'aiguillage », nouvelle, *in Train de vie*, Gallimard, 2003.

*Nous attendîmes le passage de la surveillante venue vérifier qu'aucune chandelle n'était restée allumée, puis nous levâmes sans bruit pour gagner le lit d'Olympe[1]. »*

Anne-Marie Desplat-Duc, *Les Colombes du Roi soleil*

# Présent partout !

## Le temps du dialogue

Le temps *à l'intérieur des dialogues* est naturellement le présent, même si le récit est au passé. Les dialogues interrompent les temps passés du récit, suscitent l'attente de l'action. L'emploi du présent permet au lecteur d'entendre les répliques dans le même temps fictif où les personnages s'expriment, et crée ainsi l'effet de direct. Ce sont les dialogues (mouvements de scène) qui rendent tout récit vivant, très nombreux dans un récit jeunesse. La narration se poursuit entre les répliques, au temps du récit : « remarqua-t-elle », « demanda-t-il » sont conjugués ici au passé simple, puisqu'il s'agit d'une action dans le passé.

*« – Arrêtez de dire des âneries. Les gentilshommes ne sont pas faits pour l'amour, mais pour la guerre.*
*– Oh, quelle horreur ! s'indigna Jeanne. Moi je suis comme Hortense, je rêve de rencontrer un doux damoiseau qui…*
*– Bon ! s'impatienta Olympe, on n'est pas là pour parler d'amour, mais de la pièce.*
*– Oh, vous, il n'y a que le théâtre qui vous intéresse ! grogna Eléonore.*
*– Sans doute, mais à St Cyr, c'est le seul divertissement qui nous soit accordé. Pour l'amour, il n'y faut point songer !*
*– De toute façon, quand je vois l'état de cette pauvre Hortense, cela ne me fait guère envie[2] ! »*

Anne-Marie Desplat-Duc, *Les Colombes du Roi soleil*

---

1. Anne-Marie Desplat-Duc, *Les Colombes du Roi soleil*, Flammarion, 2007.
2. *Ibid.*

Si l'un des personnages ne cessait de poser la même question, par exemple, on emploierait l'imparfait, pour cette action qui dure, se répète : « *Vous êtes sûr qu'il n'y a personne dans la maison ?* répétait *Flora à chaque fois qu'elle entendait le moindre petit bruit.* »

## Le temps de l'action, du suspense

Le présent fait aussi irruption dans le passé, à la place d'un passé simple que l'on attendrait, lorsque le suspense est à son maximum. Il donne alors au lecteur l'illusion que la scène se joue en direct, ce qui amplifie l'identification aux personnages et la tension dramatique. Pour l'exemple, je vous rejoue Le Petit Chaperon rouge de Charles Perrault :

> « *Le petit Chaperon rouge s'assit sur une chaise, à côté du grand lit blanc dans lequel* reposait [description, imparfait] *sa grand-mère.*
> 
> *Elle avait un air bizarre, d'ailleurs, sa grand-mère aujourd'hui. Le teint était gris et elle semblait avoir plus de poils sur le visage que d'habitude. Et puis, son bonnet en dentelle semblait la serrer un peu. Le petit Chaperon rouge s'approcha davantage du lit et se pencha attentivement sur la vieille dame* [N.D.A. : au lieu de commencer à être bercé par l'histoire, remarquez les temps grammaticaux employés : imparfait, passé simple, jusqu'ici tout semble normal] :
> 
> *– Oh ! Grand-mère, comme tu* as *de grands yeux* [présent à l'intérieur du dialogue] !
> 
> *– C'est pour mieux te voir, mon enfant,* répondit *le loup* [passé simple, action immédiate dans le passé], *en contrefaisant sa voix* [participe présent, vous vous en souveniez ?].
> 
> *– Oh ! Grand-mère, comme tu as de grandes oreilles !*
> 
> *– C'est pour mieux t'entendre, mon enfant,* répondit *le loup d'une voix douce.*
> 
> *Le petit Chaperon rouge se rapprocha un tout petit plus du visage de sa Grand-mère :*
> 
> *– Oh ! Grand-mère, comme tu as de grandes dents !*

– *C'est pour mieux te manger !*
*Et d'un bond, le loup saute sur le petit Chaperon rouge et la dévore d'un coup* [présent d'actualisation du récit] *!* »

### Le temps de l'habitude

Un autre emploi du présent est celui que l'on nomme, le « présent d'habitude » : « *Les enfants n'*écoutent *jamais les conseils des parents ! Et bien sûr, Cyril* grimpa *sur la chaise et* ouvrit *le placard.* »

## L'alternance des temps

### Le jeu chronologique

Vous pouvez aussi alterner le temps de la narration au passé avec le présent (pas facile, cependant), afin de donner l'impression que les faits passés peuvent exister encore :

> « *Je préfère raconter la suite au présent, cela rendra peut-être l'aventure plus anodine, lui retirera cette aura de sacré que confèrent les temps passés, de l'imparfait au passé simple.*
>
> *Le présent est le temps sans surprise, un temps ingénu, celui où l'on vit les choses comme elles arrivent ; elles sont neuves encore et vivantes, c'est le temps de l'enfance, celui qui me convenait*[1]. »
>
> Joseph Joffo, *Un sac de billes*

### Au rythme de l'histoire

Ainsi, les temps du récit participent au rythme de l'histoire. Selon Gérard Genette et d'autres, on distingue quatre mouvements narratifs : *la pause* (moment de description, de commentaire, d'analyse) et *la scène* (dialogue, monologue, interpellation, réflexion…) suspendent le temps de l'histoire, arrêtent la progression de l'action ; les deux suivants sont *le sommaire* (le narrateur ou un

---

1. Joseph Joffo, *Un sac de billes*, Jean-Claude Lattès, 2003, cité par Ganna Ottevaere van Praag, *op. cit.*

personnage résume l'action en quelques mots : « *Camille partit trois jours chez son oncle* ») et l'*ellipse* (le texte sous-entend les faits : « *L'oncle lui donna la chambre la plus claire, celle dont la fenêtre s'ouvrait sur le jardin* »).

## Présent ou passé ?
## Le choix du narrateur

Un récit peut aussi s'écrire au présent. Mais contrairement à ce que l'on pourrait croire, l'écrire ainsi est bien plus difficile. En effet, le présent, à l'inverse du passé, n'offre pas la même latitude, les mêmes jeux sur l'échelle du temps. Ceci dit, que vous écriviez au passé ou au présent, le choix du temps grammatical est étroitement lié à la place de votre narrateur.

### Présent et vision interne (« je »)

Un narrateur qui s'exprime à la première personne (« je ») au présent nous fait assister en direct à ses émotions ou à ses aventures. Le lecteur vit dans le même temps que le héros. L'idéal est d'oublier que la vision du point de vue du narrateur unique est limitée, et ceci grâce aux dialogues, aux descriptions, au style qui emmènent le lecteur au-delà et élargissent la vision intérieure du narrateur. Du grand art :

> « *Violette saisit sa sœur par la main pour l'aider à se remettre debout. Avec ses mouvements en bazar, Annette faisait penser à un veau âgé d'une heure.*
> *– Y a du vert aussi.*
> *– Mais y a quand même plus de rouge que de vert.*
> *– C'est de l'herbe écrabouillée, le vert.*
> *– Le rouge...*
> *– C'est du sang.*
> *Tous les trois, Violette, Annette, Colin-six ans, se penchèrent en rond. Il y eut un long, un profond silence. Impossible de croire plus longtemps au sommeil du monsieur. Pourtant...*

*— Qu'est-ce qu'il ferait couché là, sinon ? répondit Violette à la question que personne n'avait posée et que tout le monde se posait.*

*Un craquement minuscule dans les airs. Toutes les têtes se levèrent. Une noisette décidait de quitter définitivement la saleté de bazar de paquet de nœuds de* corylus avellana. *Elle se tortilla trois secondes et demie sur sa branche, fit grouich avant de s'expédier en un direct effarant sur l'œil ouvert de l'homme.*

*Je veux dire qu'elle lui dégringola droit sur le globe oculaire et que la paupière ne se ferma pas. La noisette fit une cabriole verte entre le nez et la joue. Et s'y cala.*

*J'ai l'air d'un monumental imbécile, mais la vérité est que je compris à cet instant seulement que ce corps étendu à trois pas du carré de courges dans le potager de nos grands-parents, cet homme inconnu que nous observions, Violette, Colin-six ans, Annette, et moi, depuis cinq minutes, était un mort[1]. »*

Malika Ferdjoukh, Sombres Citrouilles

## Le passé du présent : le passé composé

Avec le présent, le temps du passé est spontanément le passé composé, le passé le plus proche du présent :

*« Joseph se tait maintenant. Et moi, je reste là, l'album ouvert sur les genoux, immobile comme la pierre, à regarder mon ami, ce vieil homme qui pleure. L'heure sonne à la grosse horloge. Je me lève. Dehors, la nuit est tombée[2]. »*

Philippe Gaillard, La photo

## Du présent aux voyages dans les temps

L'imparfait, le plus-que-parfait et le passé simple s'emploient bien évidemment même si le narrateur s'exprime au temps présent. Il peut être en train de raconter ce qu'il vit au présent depuis de longues

---

1. Malika Ferdjoukh, *Sombres Citrouilles*, Gallimard Jeunesse, coll. « Médium », 1999.
2. Philippe Gaillard, *La photo*, inédit, 2009.

pages et, à l'intérieur de cette histoire en direct, introduire parfois des faits qui se sont déroulés dans le passé et qui vont éclairer le lecteur dans la compréhension des événements : *" Je suis assis sur le banc, juste en face de l'épicerie de monsieur Dupuy. Il fait chaud, je n'ai envie de rien. J'aurais juste envie d'être encore chez l'oncle, à Boissy, et promener Gapé au bord de la rivière. J'aimais bien là-bas quand on partait sur le chemin du bord de l'eau… »*

Un texte au présent, peut être émaillé de plus ou moins longues séquences narratives au passé (principe du « il était une fois… ») en allers et retours avec le présent. Ce retour dans le passé peut constituer aussi la narration tout entière. L'histoire peut débuter au présent : « *J'ai 15 ans aujourd'hui, il s'est passé quelque chose de grave dans ma vie, je vais vous raconter : j'habitais alors telle ville, je faisais ceci, cela…* » Toujours le principe du « il était une fois » où les différents événements vont se succéder de façon linéaire (chronologique).

À partir de ces deux exemples, on peut imaginer diverses structures narratives qui jouent sur l'axe du temps, passé-présent-futur. Ainsi, le narrateur omniscient peut nous annoncer le futur, même s'il est en train de nous décrire l'action en direct : « *Cyril sort de sa cachette la figurine que lui a confiée l'étranger. Il la met dans sa sacoche, ferme soigneusement la porte à clé. Il ne sait pas que désormais il ne pourra plus jamais vivre tranquille dans cette ville. Quand il arrive à la fontaine, l'étranger est déjà là…* » À la fin l'histoire, le narrateur devra revenir au présent pour conclure.

Quoi qu'il en soit, derrière la voix du narrateur, le temps que vous aurez choisi pour débuter votre récit déterminera la progression de la narration, créera le suspense.

# 11
# L'*incipit* ou le début de l'histoire : lecteur, je te tiens !

Pour que votre jeune lecteur, impatient et exigeant, n'abandonne pas votre livre au bout de la première demi-page, il s'agit de bien l'accrocher. La première phrase d'un roman, d'un récit, est déterminante, elle donne le ton, le style, l'ampleur du récit. Elle s'appelle « l'*incipit* ».

Très souvent, dans les histoires pour la jeunesse, la narration s'enclenche dans le même temps que l'aventure. Voici quelques exemples d'*incipit* :

- **Ouverture par une description, annonciatrice d'événements futurs.** Le récit peut s'ouvrir sur la description d'un état qui annonce les événements à venir : description du héros, mise en place du décor. C'est le cas généralement des contes qui commence par la formule magique : « *Il était une fois…* » Voire : « *Il y avait une fois…* »

> « *Il y avait une fois dans le quartier des Gobelins, à Paris, une vieille sorcière, affreusement vieille et laide, mais qui aurait bien voulu passer pour la plus belle fille du monde[1] !* »
>
> Pierre Gripari, La Sorcière de la rue Mouffetard<br>et autres contes de la rue Brocca

> « *C'est au cours d'une promenade sur les docks que j'achetai l'objet qui devait à jamais transformer ma vie : une énorme dent couverte de gravures étranges. L'homme qui me la vendit, un vieux matelot tanné et blanchi par des années passées dans les mâtures, prétendait la tenir d'un harponneur malais rencontré au cours d'une de ses lointaines campagnes de pêche à la baleine. Il en demandait un bon prix, prétextant que ce n'était pas une vulgaire dent de cachalot sculptée, mais une "une dent de géant", sorte de talisman dont il ne se séparait qu'à regret, poussé par les nécessités d'une vie que l'âge avait fini par rendre misérable.*
>
> *Je pensai bien sûr à une supercherie, mais l'histoire était belle, et j'emportai la pièce pour deux guinées[2].* »
>
> François Place, Les Derniers Géants

- **Ouverture par une interpellation au lecteur :** « *Imagine-toi qu'aux temps jadis, l'éléphant n'avait pas de trompe…* »
- **Ouverture à un moment crucial de l'histoire :** « *Ce que je cherchais depuis des jours était là, juste en face de moi, et me fixait de ses deux yeux immenses.* » Ou : « *Tout avait commencé en classe, en cours d'histoire justement.* »
- **Ouverture par un dialogue :**

  > « *– Hé Samira, tu descends ou je monte te chercher ? a hurlé Nawel.*
  > *Elle hurlait de plus en plus fort. J'ai foncé de nouveau à la fenêtre.*
  > *– Ça va Nawel, arrête ton cinéma ! J'arrive.*

---

1. Pierre Gripari, *La Sorcière de la rue Mouffetard et autres contes de la rue Brocca*, Gallimard, coll. « Folio Junior », 1997.
2. François Place, *Les Derniers Géants*, Casterman, 1992.

## L'INCIPIT OU LE DÉBUT DE L'HISTOIRE : LECTEUR, JE TE TIENS !

*Ce n'était pas le moment d'avoir des histoires avec nos voisins. Déjà qu'avec les pleurs de Fazia ils ont les nerfs à vif, si en plus Nawel en rajoute, on n'est pas au bout de nos soucis.*
*J'habite la cité Bellevue, le bloc D2. Dans la cité, on l'appelle le Bloc des gens heureux parce que, lorsqu'on descend faire ses courses, on ne risque pas de glisser sur les canettes de bière qui traînent dans les escaliers. Parce que l'ascenseur n'est pas en panne tous les deux jours. Parce que les familles s'organisent pour le nettoyage de la cage d'escalier. Parce que les boîtes aux lettres ne sont pas défoncées[1]... »*

Jean-Luc Luciani, *Un rap pour Samira*

- **Ouverture par l'injonction** : un ordre, une interdiction, une recommandation, un reproche.

*« Tom !*
*Pas de réponse.*
*Tom !*
*Pas de réponse[2]. »*

Marc Twain, *Les Aventures de Tom Sawyer*

L'injonction n'entraîne pas de réplique. La narration se poursuit par la voix intérieure du héros : « *Ne mets pas tes doigts dans le nez, espèce d'Indien ! dit la mère.* »

- **Ouverture par l'exorde** :

*« Un dimanche matin, la mère de Georges Bouillon dit à son fils : Je vais faire des courses au village. Sois sage et ne fais pas de bêtise[3]. »*

Roald Dahl, *La Potion magique de Georges Bouillon*

---

1. Jean-Luc Luciani, *Un rap pour Samira*, Rageot, 2002.
2. Marc Twain, *Les Aventures de Tom Sawyer*, 1876, cité par Ganna Ottevaere van Praag, *op. cit.*
3. Roald Dahl, *La Potion magique de Georges Bouillon*, Gallimard, coll. « Folio Junior », 2007.

- **Ouverture par un élément insolite qui frappe l'imagination du lecteur** (pour les petits) :

  « *Dans un trou vivait un hobbit[1].* »

  John Ronald Reuel Tolkien, Bilbo le Hobbit

- **Ouverture par un résumé bref de la situation :**

  « *Cher Frédéric,*

  *Tu as trente ans et j'en ai douze, c'est pour ça que tu me traites en gamine et qu'hier soir, comme à une gosse de huit ans, tu m'as apporté des bonbons. Je t'ai détesté[2].* »

  Virginie Lou, Les Saisons dangereuses

- **Ouverture à la première personne sur une interrogation identitaire :**

  « *J'avais quatre mois à peine lorsque ma mère mourut soudainement laissant à mon père la tâche de m'élever seul.*

  *Je n'avais ni frères, ni sœurs[3]…* »

  Roald Dahl, Danny le champion du monde

- **Ouverture par la confiance en la vie quotidienne** (on imagine la rupture après).

- **Ouverture par une rupture de la vie quotidienne :** « *Nous étions maman et moi en train de prendre le petit déjeuner lorsque Madame Schneider sonna à la porte[4].* »

- **Ouverture par un état de manque.**

---

1. John Ronald Reuel Tolkien, *Bilbo le Hobbit*, Christian Bourgois, 2002.
2. Virginie Lou, *Les Saisons dangereuses*, Syros, coll. « Souris rose », 1990.
3. Roald Dahl, *Danny le champion du monde*, Stock, 1978, cité par Ganna Ottevaere van Praag, *op. cit.*
4. Cité par Ganna Ottevaere van Praag, *op. cit.*

## L'INCIPIT OU LE DÉBUT DE L'HISTOIRE : LECTEUR, JE TE TIENS !

- Ouverture par l'humour :

*« Si la bêtise avait un poids, le major aurait déjà fait craquer la branche. Il était assis sur l'écorce, les pieds dans le vide, et il jetait des flèches vers une forme noire qui gesticulait juste en dessous[1]. »*

Timothée de Fombelle, Tobie Lolness

- Ouverture quand les ennuis commencent :

*« Ils étaient cinq. Manu les vit arriver vers lui et se déployer en arc de cercle comme une horde prête à la chasse. Il savait ce qu'ils voulaient et se retourna furtivement vers la masse sombre du lycée[2]. »*

Patrick Raynal, Le Médaillon,

- Ouverture par un jour différent :

*« Aujourd'hui, c'est mon anniversaire !*

*— Tu as quatorze ans, m'a dit maman ce matin en brossant mes cheveux emmêlés. Il serait temps de te comporter en personne raisonnable[3] ! »*

Christine Feret-Fleury, SOS Titanic.<br>Journal de Julia Facchini 1912

Alors, vous l'aurez compris, soignez vos *incipit* et, plus généralement, les premières phrases de vos histoires si vous souhaitez que le lecteur tourne la page avec avidité…

---

1. Timothée de Fombelle, *Tobie Lolness*, Gallimard Jeunesse, 2007.
2. Patrick Raynal, *Le Médaillon*, Gallimard Jeunesse, 2003.
3. Christine Feret-Fleury, *SOS Titanic. Journal de Julia Facchini 1912*, Gallimard coll. « Mon Histoire », 2005.

# 12

# Le dialogue : comme dans la vraie vie

Feuilletez un récit pour la jeunesse… Avez-vous vu comme les dialogues constituent la partie la plus importante du texte ? Si votre récit comporte au moins 50 % de dialogues, vous êtes sur la bonne voie (voix !). Mais soignez-les. Parce que leur fonction, surtout quand ils sont si présents, est essentielle dans un récit, et ce quel que soit le public. Ce sont eux qui font *avancer l'action* grâce aux questions et aux répliques, eux qui rendent vos personnages et votre histoire *vivante*.

Le héros ou les personnages importants sont ceux qui vont s'exprimer le plus, en quantité et en qualité. Normal, ce sont eux qui mobilisent l'attention du lecteur et non un vague personnage secondaire. Mais attention : si les dialogues permettent au lecteur d'entendre les personnages comme s'il y était, un dialogue ne retranscrit évidemment pas la langue orale ! La langue du dialogue est un mixte subtil entre la langue orale et la langue écrite. Même si vos personnages parlent, l'histoire avance, ce qui n'est pas toujours le cas dans la vraie vie : pas de bavardage inutile, tout ce qui se dit participe à l'avancée du récit, est construit.

Voici les principales fonctions du dialogue :

- **Rapprocher le lecteur des personnages.** Celui-ci entend (et *voit*) les personnages s'exprimer *en direct*, il a l'impression d'être présent, acteur lui aussi de l'histoire, et peut s'identifier, adhérer plus facilement à leur aventure. Dans le récit jeunesse, il sert à rapprocher le lecteur des personnages.

- **Informer le lecteur d'une façon vivante.** Par exemple, vos personnages évoluent dans un lieu particulier. Peut-être sera-t-il préférable que l'un des personnages décrive ce lieu à l'intérieur d'un dialogue plutôt que de vous lancer dans une description (courte en récit jeunesse).

  De même, la présentation d'un personnage, ou son portrait, peut s'écrire à travers un dialogue, comme nous l'avons plus haut au chapitre des personnages. Ainsi, à la place du narrateur, les personnages à l'intérieur du dialogue, annoncent les actions qui se sont passées ou qu'ils vont entreprendre : « *Je vais au stade demain, vers quatre heures, tu m'accompagnes ? demanda Camille à Cyril.* » Au lieu de : « *Camille demanda à Cyril s'il pouvait l'accompagner le lendemain au stade à quatre heures.* »

- **Alléger le texte.** On informe le lecteur, et on allège le texte. Vous savez bien que, quand vous feuilletez un livre, les longs passages grisâtres, sans aucune respiration (surtout si les caractères d'imprimerie sont minuscules) sont plutôt rébarbatifs. Pour un lectorat jeune, le dialogue facilite la lecture, qu'il s'agisse du déchiffrage des mots ou de la compréhension de l'histoire.

- **Caractériser les personnages.** Sans être caricatural, d'une façon légère, essayez de différencier un peu vos personnages à travers le rythme de leurs répliques, la syntaxe et le lexique qu'ils emploient, leurs tics de langage, leur expressivité. Les dialogues révèlent en effet la psychologie de chacun, leurs mobiles, les rapports qu'ils entretiennent avec les autres personnages, même simplement évoqués.

« *– La première chose que nous allons apprendre à propos du travail d'équipe, c'est de compter les uns sur les autres. Pigé ? Compter dessus.*
*– Un, deux, trois, quatre, cinq…*
*Axelmann pivote pour surprendre le responsable de cette interruption.*

« – Merci Yeandle. On ne me l'avait pas faite depuis l'année dernière. Il ne s'agit pas de compter les autres, mais de compter sur les autres – de leur faire confiance. De se mettre entre les mains d'une autre personne.
– Oooh, roucoule Flick. Super.
Les rires s'emballent. Le signal pour Axelmann de recourir à son truc habituel.
– Viens ici King Kong.
Il fait signe à Tozer d'approcher au centre du cercle. Le groupe se calme aussitôt, ne voulant pas rater une seconde du divertissement annoncé[1]. »

Michael Coleman, Barjo.

- **Témoigner des émotions :**

« {...} Tozer s'avance, s'arrête devant Axelmann. Tout près. Il est presque aussi grand que lui.
– Tourne-toi. Face à la fenêtre.
Tozer obéit en souriant à ceux qui lui font face.
– Parfait King Kong.
Axelmann parle au dos de la tête de Tozer.
– Maintenant, réponds à voix haute et distincte. Tu me fais confiance ?
Tozer se tourne à moitié pour le regarder.
– Euh... oui, m'sieur.
– Sûr ?
– Mi-content, mi-anxieux.
– Oui, m'sieur.
– Bien. »

Michael Coleman, Barjo.

- **Expliquer les relations entre les personnages :**

« – Arrête de faire la tête, a dit maman. Tu me fatigues.
– Je ne fais pas la tête. Ce n'est pas ma faute si l'on n'a rien à se dire.

---

1. Michael Coleman, *Barjo*, Éditons du Rouergue, 2008.

> *Elle a continué à peloter sa salade dans le bac à légumes. Le temps qu'elle peut passer à tripoter une malheureuse laitue dans de l'eau glacée, c'est étonnant. Parfois je me demande ce qu'espèrent vraiment les parents. Une conversation sur les légumes ?*
> *– C'est toi qui as demandé à partir chez tes grands-parents, je te le rappelle.*
> *– Facile. Vous étiez trop contents de vous débarrasser de moi.*
> *Elle a sorti une grosse feuille de la flotte et elle me l'a agitée sous le nez en criant.*
> *– Tu râles sans arrêt ! Je n'en peux plus ! Fiche le camp !*
> *– Ah non ! Tu ne peux pas me mettre à la porte ! Je suis encore ici chez moi pendant trois jours[1]. »*

Marie Desplechin, *Toujours fâchée*

- **Entretenir le suspense** au cours de l'histoire. Si le monologue se réfère à la conscience intérieure, le dialogue appelle l'action.
- **Créer l'illusion en employant la langue orale :**

> *« Vous prenez un garçon dans la cour de récréation, il crâne cinq minutes devant tout le monde et puis voilà qu'il glisse sur une peau de banane et qu'il tombe le cul par terre, eh bien, ce qui va se passer, c'est qu'on rigolera, d'accord, mais on aura tout de même mal pour lui, on se sentira ridicule pour lui, on aura honte pour lui tandis que lui fera si comme si de rien n'était[2]. »*

Serge Perez, *La pluie comme elle tombe*

De plus, vous pourrez employer de temps à autre quelques expressions *djeunes*. Mais attention, elles changent selon les modes et les âges ! Les expressions d'une personne de cinquante ans ne sont pas les mêmes que celles d'une personne de trente ans, ni de quinze. Il faut trouver le juste milieu pour que votre héros ne fasse pas *ringard* mais reste dans la tendance. Le plus

---

1. Marie Desplechin, *Toujours fâchée*, L'École des loisirs, coll. « Médium », 2007.
2. Serge Perez, *La pluie comme elle tombe*, L'École des loisirs, coll « Médium », 1998.

important, ce n'est pas de constituer une grande liste d'expressions à la mode, mais d'aménager le suspense le plus souvent possible.

Enfin, songez aux grands romans classiques pour la jeunesse, les expressions n'ont pas vraiment d'importance, c'est l'histoire, l'action, le suspense qui comptent et qui rendent les œuvres et les dialogues intemporels.

- **Faire avancer l'intrigue**, progresser l'action par tout ce qui a été dit précédemment
- **Le dialogue intérieur.** Quand le personnage pense, se parle, le lecteur a une impression plus grande encore de proximité, d'intimité.

La qualité des dialogues témoigne de l'accomplissement d'un écrivain. Challenge !

# 13
# Le style « jeunesse » : quelques grands principes d'écriture

> *« Couper une phrase trop longue, éclairer un mot nouveau pour le contexte, réduire les descriptions à des notations, accélérer le récit avec un dialogue... Faire percevoir la psychologie d'un personnage par ses actes plus que par une analyse de caractère.*
>
> *Faciliter l'identification avec une narration au "je", mettre un titre et donner une unité à chaque chapitre, créer un effet du réel en utilisant des choses familières (marques de produits, jeux, mode, langage usuel). Il y a mille petites choses qu'un écrivain peut faire pour un enfant. Ce n'est pas le mépriser, ce n'est pas soi-même s'abaisser.*
>
> *Je n'ai jamais ressenti ni condescendance ni humiliation à m'agenouiller devant un enfant pour renouer son lacet. C'est un mouvement spontané que je retrouve quand j'écris. Nous marcherons lui et moi d'un meilleur pas[1]... »*
>
> Marie-Aude Murail, *Continue la lecture, on n'aime pas la récré*

---

1. Marie-Aude Murail, *Continue la lecture, on n'aime pas la récré*, op. cit.

## De l'écriture adulte à l'écriture jeunesse : de l'épure, du rythme, du sens

> « *Ce qui caractérise à mes yeux un texte jeunesse, c'est la qualité de son écriture, ses exigences littéraires de forme et de contenu. C'est son pouvoir d'imaginaire. Il ne s'agit pas pour moi de raconter l'histoire d'une classe ou de faire "une soupe de quotidien" sous prétexte que c'est plus facile à lire. Non. Un livre pour la jeunesse doit être fort, structurant, apporter plaisir et pensée, non des ritournelles à la mode comme trop souvent les "grandes maisons d'édition" en produisent pour alimenter le tiroir-caisse. En ce qui concerne les thèmes, ce qui m'a séduit (et continue d'ailleurs), c'est la liberté qu'on a. Les effets de mode se font un peu sentir, mais moins que dans la littérature pour adultes. Reste le vocabulaire, qui doit être accessible, mais cela est valable pour tout*[1]. »
>
> Michel Cossem, auteur jeunesse

S'il existe des règles de *lisibilité*, au sens de la forme comme du fond, la littérature jeunesse s'inscrit dans la littérature en général. Comme telle, elle présente aujourd'hui une grande diversité de formes d'écriture, d'univers différents, et ce de façon confirmée. Ceci dit, si l'on peut traiter tous les thèmes aujourd'hui en littérature jeunesse, sans tabous, les contraintes d'écriture existent. Sans se départir, surtout pas, de son style, il s'agit de rendre les textes accessibles si l'on veut toucher le lecteur. Au-delà même du débat que suscitent ces contraintes, c'est semble-t-il le B.A.BA de la communication écrite.

Dès qu'une histoire est prenante, par l'intrigue, le style, le rythme, ça marche ! Tous les éditeurs sont d'accord là-dessus. L'histoire doit d'abord s'amorcer rapidement. Cette notion d'*aventure*, de quête, est fondamentale comme on l'a vu précédemment. L'enjeu doit apparaître clairement, dès la première page, sinon le lecteur risque de laisser tomber. Il s'agit de tenir le rythme, sans chercher à reproduire

---

1. Site Christian Grenier, interviews d'auteurs jeunesse, octobre 2004.

## Le style « jeunesse » : quelques grands principes d'écriture

un modèle de lecture que l'on aurait connu enfant, parce que le lecteur a changé.

Pour rendre un texte vivant, accessible, quelques règles sont de rigueur : la première est de vous plonger dans les auteurs jeunesse pour vous imprégner de cet univers et de grandes marques stylistiques ; la seconde, comme le rappellent les professionnels du livre est de ne pas raisonner en artisan, mais toujours en artiste. Ne vous départissez jamais d'un objectif littéraire. Écrire pour la jeunesse, c'est œuvrer en littérature.

Avant d'aborder les grands points linguistiques de l'écriture jeunesse, voici, pour que vous puissiez en admirer la démonstration, la réécriture, version jeunesse, de *Vendredi ou la vie sauvage*[1] de Michel Tournier. La première version de Tournier, pour les adultes, *Vendredi ou les limbes du pacifique*[2], était elle-même une réécriture du *Robinson Crusoé*[3] de Daniel Defoe. C'est cette seconde version jeunesse qui a désormais la préférence de son auteur : « *Le premier* Vendredi *était un brouillon, le second est le propre.* » Ainsi, « *ce qui lui paraissait au départ comme une réécriture pour les enfants se révèle par la suite comme une évolution de l'art même de l'auteur*[4] ». Ce que semblent partager nombre de critiques.

En voici brièvement les caractéristiques d'après plusieurs études comparées, citées par Daniel Delbrassine dans *Le roman pour adolescents aujourd'hui*.

### La langue

Si la longueur des phrases n'a pas considérablement changé, ni les modes et les temps du passé employés déjà dans la première version, le vocabulaire est simplifié, notamment par des termes plus concrets, « *les mots sembleraient moins longs et moins rares* », leur longueur,

---

1. Michel Tournier, *Vendredi ou la vie sauvage*, Flammarion, 1971.
2. Michel Tournier, *Vendredi ou les limbes du pacifique* Gallimard, 1967.
3. Daniel Defoe, *Robinson Crusoé*, 1719.
4. Sandra L. Beckett, cité par Daniel Delbrassine, *op. cit.*

mesurée en nombre de syllabes, « *évolue clairement dans le sens d'une réduction* ».

Au niveau du récit, le texte est découpé en davantage de chapitres. Dans la première version, on trouve deux narrateurs : le « il », omniscient, et le « je » du journal de bord que tient Robinson. Tournier a supprimé ce dernier, ne laissant qu'un seul narrateur. Le souci de mieux informer le lecteur est plus net dans la seconde version. Si le lecteur devait attendre quatre pages avant de pouvoir situer le lieu et la date de l'action dans la première version, dans la seconde, Tournier précise, dès le début, où, quand, avec qui, se déroule l'action : « *À la fin de l'après-midi du 29 septembre 1759, le ciel noircit tout à coup dans la région de l'archipel Juan Fernandez, à six cents kilomètres environ au large des côtes du Chili. L'équipage de la Virginie se rassembla sur le pont…* »

On remarque aussi « *la présence de langages professionnels* », pour ce qui concerne notamment la fabrication des flèches, la construction d'un cerf-volant, le langage des mains… Certaines pages peuvent ainsi être reçues « *comme les fragments d'un manuel de survie sur une île déserte* », visiblement travaillées pour la bonne compréhension du jeune lecteur. Sans pour autant sacrifier à la précision technique.

Enfin, dans son ensemble, le texte est fortement réduit.

### Le contenu thématique

La nouvelle version valorise le monde de l'enfant. « *Les épisodes nouveaux et très réussis de la seconde partie de la version pour enfants développent les jeux et les inventions de la "vie sauvage" {…}. On invente le théâtre. On invente la poésie. On invente le silence et le langage avec les mains.* » La relation entre Vendredi et Robinson, qui était dans la première version une relation adulte/enfant, devient, dans la seconde, un rapport d'égalité sous la forme d'une relation fraternelle et ludique.

Le thème de la tentation suicidaire, tabou en littérature jeunesse et abordé dans la première version, est encore présent, simplement remanié au niveau du style. La sexualité, très présente dans le premier

## LE STYLE « JEUNESSE » : QUELQUES GRANDS PRINCIPES D'ÉCRITURE

*Vendredi*, prend davantage la forme de *sensualité*. Cette seconde version « *nous met en présence d'une œuvre authentiquement littéraire, {…}, et nous permet également de retrouver, non pas* sous *mais* dans un récit immédiatement accessible, les problèmes philosophiques les plus essentiels », selon les propos de Jean-Pierre Zarader cités par Daniel Delbrassine.

Voici donc un extrait comparé du dernier chapitre des deux versions, citées et annotées par Daniel Delbrassine : en italique, dans la première version, ce sont les passages supprimés. En souligné, dans la deuxième, des précisions ajoutées pour suivre plus facilement l'intrigue. Observez aussi la simplification du vocabulaire, les passages eux aussi simplifiés, déplacés, synthétisés, sans que le sens en soit altéré :

| Vendredi ou les limbes du Pacifique | Vendredi ou la vie sauvage |
|---|---|
| « L'aube était blême encore lorsque Robinson descendit de l'araucaria. *Il avait accoutumé de dormir jusqu'aux dernières minutes qui précèdent le lever du soleil, afin de réduire autant que possible cette période atone, la plus déshéritée de la journée, parce que la plus éloignée du couchant. Mais les viandes inhabituelles, les vins et aussi une sourde angoisse lui avaient donné un sommeil fiévreux, haché par de brusques réveils et des brèves mais arides insomnies. Couché, enveloppé de ténèbres, il avait été la proie sans défense d'idées fixes et d'obsessions torturantes. Il avait eu hâte de se lever pour secouer cette meute imaginaire.* »<br>« Il fit quelques pas sur la plage. Comme il s'y attendait, le *Whitebird* avait disparu. L'eau était grise sous le ciel décoloré. Une rosée abondante alourdissait les plantes *qui se courbaient éplorées sous cette lumière pâle, sans éclat et sans ombre, d'une lucidité navrée*. Les oiseaux observaient un silence glacé. Robinson sentit *une caverne de désespoir se creuser en lui, une citerne sonore et noire d'où montait – comme un esprit délétère – une nausée qui lui emplit la bouche de salive fielleuse. Sur la grève, une vague s'étirait mollement, jouait un peu avec un crabe mort et se retirait, déçue.* » | « L'aube était pâle quand Robinson descendit de son araucaria. Il détestait les heures tristes et blêmes qui précèdent le lever du soleil et il avait l'habitude d'attendre les premiers rayons pour se lever. <u>Quant à Vendredi, il faisait toujours la grasse matinée.</u> Mais cette nuit-là, il avait mal dormi. C'était sans doute ce repas indigeste qu'il avait pris à bord du *Whitebird*, ces viandes, ces sauces et ce vin qui lui avaient donné un sommeil lourd, entrecoupé de réveils brusques et de cauchemars. »<br><br>« Il fit quelques pas sur la plage. Comme il s'y attendait, le *Whitebird* avait disparu. L'eau était grise et le ciel décoloré. Une rosée abondante alourdissait les plantes. Les oiseaux observaient un silence de mort. Robinson sentit <u>une grande tristesse l'envahir</u>. » |

Et vous, de ces deux versions, laquelle a votre préférence, lecteur ?

## Les marques d'un style « jeunesse »

### La chronologie : restez compréhensible

Comme on l'a vu au chapitre 2, « Qui lit quoi ? », les auteurs peuvent raconter une histoire *dans tous les sens du temps*, et c'est au lecteur d'en reconstruire la chronologie. Par exemple, dans *Le Soldat Peacefull*, de Michael Morpugo, un soldat revit son passé par un procédé de flash-back avant d'être exécuté au petit jour. Autre exemple, dans *L'Enfant caché* de Berthe Burko-Falcman, le thème d'une enfance brisée s'exprime dans l'éclatement même du récit. Ces différents procédés d'écriture font évidemment sens avec l'histoire, l'*illustre* en quelque sorte. On trouve aussi des procédés d'emboîtements, une histoire dans une histoire, avec, par exemple, *Le Prince des apparences* de Catherine Zarcate, qui entremêle légendes et contes.

Il existe bien d'autres procédés, l'important étant de toujours rester accessible à son lecteur.

### Une amorce rapide, du rythme

Une amorce rapide, une alternance narration/dialogues, l'aménagement d'un suspense… concourent au désir de poursuivre la lecture…

Voici le début d'un roman d'un auteur de treize ans :

« Prologue :

*Depuis toute petite, je cherche quelque chose en moi qui pourrait me différencier des autres filles. Je cherche à être moi-même surtout, et à ne ressembler à personne d'autre.*

*{…}Finalement, je serais prête à ressembler à toutes les autres, pour retrouver ma mère.*

*Et si mon père, n'était pas parti pour New York, je ne serais pas toute seule, ou presque…*

## LE STYLE « JEUNESSE » : QUELQUES GRANDS PRINCIPES D'ÉCRITURE

Chapitre 1 La rentrée :

*Je sentais que c'était tendu entre mon père et moi. Il ne parlait pas, et me regardait à peine. Après un long voyage, nous arrivions enfin devant cet affreux immeuble rouge et bleu qu'habitait mon oncle.*

*Nous avions sonné à la porte. Le quartier était sombre et froid, le calme inquiétant. Nous avons attendu au moins cinq minutes avant qu'il ne vienne nous ouvrir. Mon oncle venait sûrement de se réveiller, il était en pyjama et parlait comme s'il n'avait pas dormi depuis plusieurs mois. J'avais laissé sortir un "bonjour" timide, mais je n'eus pas de réponse. Mon père me tenait la main, comme s'il avait vu un chien dangereux et me retenait pour que je n'aille pas le caresser.*

*À vrai dire, cet oncle ne me semblait pas très accueillant.*

*- Lauriane, te souviens-tu de David[1] ? »*

Manon Albrecht, *My despair (for one devil)*

Version série, l'héroïne bien connue, Cherry :

*« Les ennuis ont commencé hier soir. À vrai dire, tout a démarré voici quinze jours, mais je n'avais pas compris à quel point j'étais dans la panade. Pas vraiment. Mes problèmes allaient disparaître par enchantement, sûr, sûr ! Hélas ! Ça a été comme une boule-de-neige qui roule, grossit et déclenche une avalanche. Laquelle a déferlé hier soir.*

*Impossible de saisir ce qui se disait au téléphone, mais à entendre papa arpenter le couloir – style lion en cage –, j'ai deviné que ce n'était pas le moment rêvé pour réclamer plus d'argent de poche. La prof principale appelle rarement vos parents le soir, juste histoire de bavarder, voyez ? La porte était entrouverte. J'ai baissé le son de la télé, juste assez pour capter quelques mots sans donner l'impression d'espionner.*

*– Non, je ne l'ai pas vue... Bien sûr... Désolé... Désolé... Bien sûr que non... Je ne puis que m'excuser encore...*

*Quelle servilité ! Franchement ! Il n'a donc aucune fierté ? Ce n'est pas moi qui m'aplatirais comme ça devant qui que ce soit !*

---

1. Manon Albrecht, *My despair (for one devil)*, inédit, 2009

> – *Demain matin, dix heures… ? Entendu, c'est d'accord.*
>
> *Oups ! Point final. Par miracle, le combiné n'a pas explosé quand papa a raccroché.*
>
> *– Cherry !*
>
> *– Oui, papa ? ai-je fait d'une voix innocente[1]… »*
>
> Echo Freer, Cherry, ses amis, ses amours, ses embrouilles

### L'alternance de la longueur des phrases

Des phrases trop longues ou trop complexes s'avèrent vite monotones ; une succession de phrases courtes, et celles-ci deviennent sèches et rébarbatives. Ainsi, c'est affaire de technique et c'est plutôt amusant : développez ou coupez, sans vous brider et sans vous départir jamais du plaisir d'écrire (*inspirez-vous* donc de l'exemple ci-dessus).

### Le déplacement des adverbes et des compléments

Par exemple, pour rendre le texte vivant, ou créer une attente, vous pouvez parfois déplacer la préposition : « *Elle aperçut* enfin *la maison*, derrière *une haie de sapins* » peut s'écrire « derrière *une haie de sapins*, *elle aperçut* enfin *la maison* » ou « enfin, *elle aperçut la maison*, derrière *une haie de sapins.* »

### Des descriptions courtes et senties

Les descriptions sont nécessaires pour bien planter le décor, faire partager l'ambiance, mais elles doivent être de courte durée, sous peine de lasser très vite.

Ici, un paysage en Amazonie :

> « *Ce n'était pas pourtant le mystère de ce lac qui fascinait Maia, mais sa beauté. Les arbres se penchaient au-dessus de l'eau, un peu plus loin, une tortue dormait sur un banc de sable doré, sans être dérangée par l'arrivé du bateau. Des bouquets de fleurs de lotus jaunes et roses se*

---

[1]. Echo Freer, *Cherry, ses amis, ses amours, ses embrouilles*, Bayard Jeunesse, 2003.

> balançaient sur l'eau, leurs pétales s'ouvraient à la chaleur du soleil. Des colibris se rassemblaient en un tourbillon de couleurs autour d'un récipient cloué à une branche[1]... »
>
> Eva Ibbotson, *Reine du fleuve*

Et la chambre d'une adolescente :

> « *Ma chambre est un vrai capharnaüm. Et mes étagères sont bourrées de bazar :*
>
> *un tas de Spiderman de collection dans des pochettes en plastique {...},*
>
> *une vieille boîte de pastels ouverte,*
>
> *trois années de parution du magazine d'horreur français* Fangoria,
>
> *quelques souvenirs de Hong Kong, où je suis allée avec Pop l'année dernière {...},*
>
> *un vieil ordinateur portable, hors d'usage, mais qui a coûté trop cher pour qu'on le jette,*
>
> *quatre pots remplis de petits personnages en plastique venus d'Asie, rescapés d'une phase que j'ai traversée quand j'avais quatorze ans {...},*
>
> *une grande boîte de maquillage idiot datant de mes jeunes années : fard à paupières scintillant et rouge à lèvres bleu, plus des bâtons de rouge usés que Ma m'a donnés,*
>
> *tous mes vieux albums pour enfants,*
>
> *tous mes vieux romans,*
>
> *une accumulation de poupées en papier découpées,*
>
> *sept poupons en plastique, tous blancs sauf un asiatique (abandonnés depuis des années),*
>
> *trente et une peluches (crasseuses),*
>
> *cinq boîtes à bijoux, toutes offertes par ma grand-mère chinoise, toutes vides.*
>
> *Oh, et par terre :*
>
> *des vêtements sales,*

---

1. Eva Ibbotson, *Reine du fleuve*, Albin Michel Jeunesse, 2004.

*des vêtements propres,*

*des vêtements essayés mais non portés[1]... »*

Emily Lockhart, *La Fabuleuse Histoire de la mouche dans le vestiaire des garçons*

## Les figures de style, métaphores, images, comparaisons…

Elles donnent de la chair au texte, du style, de l'humour, permettent de mieux se représenter les situations, les états d'âme, les illustrent. N'en abusez pas non plus selon les situations narratives… Tout est question de dosage en écriture, comme d'habitude !

> « *– Dis bonjour à Mme Luxmann, mon biquet, a dit tante Mauricette.*
>
> *Madame Luxmann, a-t-elle ajouté en se tournant vers sa cliente, je vous présente Monsieur Yvan, mon assistant.*
>
> *Madame Luxmann m'a embrassé sur le front en s'écriant : "Oh ! qu'il est mignon !"*
>
> *J'ai fermé les yeux et je me suis bouché le nez en la voyant se précipiter sur moi, car si tante Mauricette était une sorcière, Mme Luxmann était un dragon : des yeux énormes qui avaient l'air prêts à sauter hors de leurs orbites, des taches de rousseur grosses comme des lentilles partout sur la peau, une espèce de truc sous le menton, de la chair qui pendouillait comme sur la gorge des dindons, des dents longues et jaunes et un parfum qui sentait les toilettes[2]. »*

Agnès Desarthe, *Tout ce qu'on ne dit pas*

## L'utilisation de la voix active

Songez aussi à employer la voix active. Plutôt que : « *Ce journal lui avait été remis par sa meilleure amie* », mieux vaut écrire : « *Sa meilleure amie lui avait remis ce journal.* »

---

1. Emily Lockhart, *La Fabuleuse Histoire de la mouche dans le vestiaire des garçons*, Casterman, 2006.
2. Agnès Desarthe, *Tout ce qu'on ne dit pas*, L'École des loisirs, 1995.

# LE STYLE « JEUNESSE » : QUELQUES GRANDS PRINCIPES D'ÉCRITURE

## L'importance des mots

Ce n'est pas parce que vous écrivez en direction de la jeunesse qu'il faut vous contenter de mots passe-partout. Même pour un album à l'intention des plus jeunes, les mots sont importants et se doivent d'être précis, choisis, d'autant que le texte est plus court. Sans tomber non plus dans l'excès d'un vocabulaire trop recherché ou désuet.

Si les enfants, jeunes surtout, sont d'abord sensibles au fond de l'histoire plus qu'à la forme, ils sont aussi touchés par la musique des mots, la fluidité de la phrase, les jeux sur les sonorités, voire les jeux de mots, même s'ils n'en saisissent pas tout à fait le sens.

> *« Pour moi, écrire pour les enfants consiste à m'attacher aux mots (ce qui est très vrai dans* Sans toi*), à prendre le mot comme lieu de récit. Il y a peu de mots, on ne passe pas dessus, on n'esquive rien. Tous les sens du mot apparaissent : les ambiguïtés, les ambivalences, les contradictions, les écarts. Les mots ouvrent des fenêtres, d'autres images apparaissent, et d'autres mots. Ce que l'on perçoit moins lorsque l'on s'abandonne au flux de langage. Quand il y a beaucoup de mots, on peut glisser dessus, être emporté. Non pas qu'il faille écrire « court » pour les enfants, même si les contraintes d'un album rendent cela presque obligatoire. Mais l'économie de la langue met davantage en relief la richesse polysémique du langage[1]... »*

Claudine Galea

> *« Un de mes plaisirs de lecture, dans l'enfance, était de découvrir de nouveaux mots. Mes personnages sont sensibles aux mots, ce sont des objets de découverte. Anoushka, par exemple, a besoin d'un certain mot pour se sentir à l'aise dans sa famille recomposée. L'histoire tourne autour de ce mot-là. Pour Trini, qui a pour confidente une souris, il y a aussi tout un jeu sur la traduction en "langage souris". Les enfants ont le goût des jeux de mots. Je me souviens du petit garçon de Nancy Huston : ayant repéré chez moi une grosse peluche (un élan), il s'en saisit soudain et, se soule-*

---

1. Claudine Galea, interview de 2006, in « Dossier d'évaluation en français 1er degré », Ministère de la Communauté française de Belgique, 2007.

*vant sur ses petites jambes, il le brandit devant lui en s'écriant "Je prends mon élan" !*[1] »

Pierrette Fleutiaux

Claude Ponti est l'un des grands spécialistes du jeu de mot, notamment des néologismes. Ainsi :

- Sur les noms de ses personnages, par exemple dans *L'arbre sans fin* : Brindillonnête-L'Appamarante, Séquoi-Yaparla-la questionnante, Graine-Doubli-la-dormodorante...
- Sur des verbes dans *Okilélé* : bâffrebouffe, parlophoner...
- Sur la construction de noms, dans *Parci parla* : Crapouille (crapaud-grenouille), Guérisson (hérisson qui guérit)...
- Sur des segmentations décalées : *L'île des Zertes* accompagnée du verbe zertillonner...

## Les dialogues

Comme vous l'avez vu au chapitre qui leur est consacré, ils doivent être courts, légers, vivants, rythmés, à l'image de l'ensemble du texte. Pour rappel, ne lassez pas votre jeune lecteur par de longues diatribes. Ne faites pas non plus parler vos personnages pour ne rien dire. Toutes questions et répliques doivent avoir un sens, celui de faire avancer l'intrigue, progresser l'action.

Évitez de rajouter « dit » à chaque réplique, sans pour autant employer tous les synonymes de ce verbe. Il faut veiller à varier la façon de présenter les répliques. Quand votre personnage s'exprime, vous pouvez poursuivre la narration par de courtes descriptions indiquant le geste qui l'accompagne, le ton avec lequel il parle, et autres brèves descriptions.

## La ponctuation

Dans un livre pour la jeunesse, hormis le point-virgule, davantage utilisé aujourd'hui en écrits professionnels qu'en écrits de fiction, les

---

1. Pierrette Fleutiaux, interview de 2008.

différents signes de ponctuation sont très présents. Ce sont eux qui donnent le rythme, le ton souvent alerte et, bien sûr, soulignent ou fortifient le sens. Bien employés, ils permettent souvent d'économiser quelques mots inutiles :

- **Le point d'exclamation** est fréquent. N'en abusez pas trop, cependant, sinon il perd de sa force.
- **Les virgules** sont très importantes, aussi, et l'on a trop souvent tendance à les oublier. Elles permettent à la phrase de respirer et font sens, valorisant ainsi certains mots importants.
- **Les points de suspension** suggèrent, donnent du rythme, expliquent les hésitations, les silences…
- **Le tiret est préférable à la parenthèse**, cette dernière, moins lisible, obscurcit le texte et entrave le fil de la lecture si elle est trop présente. Mais elle est bien entendu signifiante, car c'est souvent entre parenthèses que se glissent les messages importants.

La ponctuation est essentielle à tous les niveaux d'un texte et plus encore dans un dialogue, car elle fait sens avec les mots prononcés, indique le ton, les intonations. Désormais, la façon de présenter un dialogue est simplifiée. L'usage de guillemets en ouverture et fermeture de dialogue laisse la place à un léger retrait du texte, avec, dès l'ouverture d'une réplique, un tiret – long de préférence. Inutile de mettre une virgule de l'une à l'autre réplique. Les guillemets ne s'emploient plus que pour les citations, en ouverture et fermeture.

Le monologue intérieur peut être mis entre guillemets ou inclus directement dans la narration. Si le personnage dialogue avec lui-même, pourquoi pas, se donnant la réplique, vous reprendrez les tirets des dialogues, et fermerez les guillemets du monologue.

Enfin, si vous observez un roman, adulte ou jeunesse, vous remarquerez que le texte, par souci de lisibilité, est ponctué de retraits (correspondant à trois à cinq espaces) en début de chaque paragraphe, chaque dialogue. Ces retraits entraînent à la lecture et facilitent la compréhension du texte.

### De la psychologie, du ressenti

À partir de 11-12 ans, les récits se complexifient et, avec eux, la psychologie des personnages. Ils sont souvent très bien sentis et ressemblent à leurs lecteurs qui se retrouvent au travers de leurs joies, de leurs souffrances, de leurs interrogations (roman miroir). Et, qui comme eux, s'éprouvent à la vie.

Ici un extrait de roman de science-fiction :

> *« Noé, songeur, s'allongea dans l'herbe et resta une heure ou deux. Il entendait le doux mugissement des vagues au loin. Un bruit régulier, rassurant comme celui d'une horloge. Parfois, les yeux mi-clos, il observait le soleil monter dans le ciel. Il voulait goûter la saveur du temps qui passe – mais, malgré toutes les preuves de son écoulement, il semblait s'être figé, à l'image du soleil qui poursuivait sa course et était en réalité immobile.*
> *"Toutes les heures se valent, se dit-il, terrifié, que peut-il arriver ?" Il avait une impression de sécurité épouvantable. Devant lui l'attendait une vie sur papier glacé : parfaite, indélébile, à jamais imprimée...*
> *Pourquoi avait-il voulu changer de corps et renaître ? Sans doute pour gommer de méchants souvenirs, effacer d'autres vies ratées...*
> *Et recommencer.*
> *Bientôt la chaleur l'obligea à rentrer chez lui.*
> *Il n'était pas encore midi et il avait déjà l'impression de tout savoir de ce monde. Oui. Déjà, il se sentait vieux, blasé...*
> *Pire : désespéré[1]. »*
>
> <div align="right">Christian Grenier, <i>Un amour d'éternité</i></div>

### Du suspense, un maximum !

Les maîtres du suspense sont les Anglo-Saxons (ce qui ne veut pas dire que les auteurs français en sont exempts !). Observez comment fonctionne l'un de leur polar ou un roman d'aventures. La série des « Chair de poule » est un bon exemple de technique narrative,

---

[1]. Christian Grenier, *Un amour d'éternité*, Hachette Jeunesse, coll. « Histoires de cœur », 2003.

# Le style « jeunesse » : quelques grands principes d'écriture

comme le reconnaissent les professionnels du livre, même si c'est du fabriqué :

> La situation : un monstre des marais est arrivé jusque dans le manoir lugubre des grands-parents de Colin et Barbara. Ne réussissant pas à amadouer l'horrible bête, les grand-parents, fuyant le monstre qui les poursuit, ont réussi à l'enfermer au premier étage de leur maison. Le problème, c'est qu'ils ont aussi enfermé leurs petits-enfants, Colin et Barbara, qui viennent juste d'arriver. Tandis que le monstre s'agite au-dessus de leur tête, les enfants viennent de découvrir deux lettres laissées à leur adresse par le grand-père. Ils sont interrompus dans la lecture de la première par un hurlement de la créature à l'étage. Terrorisé, Colin laisse tomber la lettre qui glisse sous le frigidaire. Au moment même où le grand-père leur indiquait comment se sortir de l'affaire ! Après bien des tentatives pendant lesquelles la tension ne cesse de grimper, ils réussissent à récupérer la lettre tandis que le plafond commence à se fendiller sous les pas du monstre :

> « *Colin attrapa le précieux mot de grand-père. Il le secoua pour enlever la poussière...*
> *"Vous serez en sécurité si..."*
> *Retenant mon souffle, j'attendis que Colin finisse la phrase qui allait peut-être nous sauver.*
> *– "Vous serez en sécurité si vous n'ouvrez pas la porte qui l'empêche de sortir..."*
> *– C'est tout ? Ils ne disent rien d'autre ? Ils doivent bien ajouter quelque chose ?*
> **NDA** : saurons-nous un jour ce que cette fameuse lettre contient !
> *Et Colin continua :*
> *"Je vous en supplie, ne vous approchez pas de cette porte. Ne l'ouvrez jamais !"*
> *– Pour ça, c'est trop tard ! marmonnai-je, les larmes aux yeux, comprenant que notre situation était désespérée.*

*"Si le monstre s'échappe, vous n'aurez qu'une solution, le tuer !"*
*Épouvanté, il leva les yeux de la feuille :*
*– Barbara... c'est tout ce qu'il dit : "Si le monstre s'échappe, vous n'aurez qu'une solution, le tuer !"*
*{Il y a une autre lettre que Colin commence à décacheter} lorsque des pas lourds ébranlèrent le sol... du rez-de-chaussée !*
*Oui, il était là, dans le salon. C'était la pièce voisine.*

**NDA : la tension s'accroît !**

*– Dépêche-toi Colin, criai-je. Ouvre cette lettre !*
*Ses doigts tremblaient tellement qu'il ne parvenait pas à déchirer le rabat. Soudain, il s'arrêta en entendant la respiration sifflante, profonde, de plus en plus près.*
*Plus la créature s'approchait, plus mon cœur s'emballait ! Et lorsque le souffle de la bête fut assourdissant, je crus qu'il allait exploser dans ma poitrine.*
*– Le voilà, il vient nous chercher, cria Colin en mettant l'enveloppe cachetée dans sa poche.*

**NDA : raté !**

*– Vite, filons...*
*– Qu'est-ce qu'on va devenir ? gémit Colin. Il est dans la pièce d'à côté.*
*– On y va... Aïe !*
*Je ne pus terminer ma phrase. En me précipitant vers la porte, je venais de heurter violemment le pied de la table avec ma jambe, ce qui m'arracha un cri de douleur.*
*J'essayai de plier le genou, le serrant entre mes mains, mais il me faisait très mal.*
*Surmontant la douleur, je réussis à pivoter sur moi-même. Et alors, je le vis. LE MONSTRE !*
*Il était dans la cuisine, il se dirigeait vers nous*[1]*. »*

Robert Lawrence Stine, *Comment tuer un monstre*

---

[1]. Robert Lawrence Stine, *Comment tuer un monstre*, Bayard Poche, coll. « Chair de poule », 1997.

## Le style « jeunesse » : quelques grands principes d'écriture

### De l'humour !

L'humour est très recherché, et ce, comme dans tous les domaines, qu'il s'agisse du théâtre ou du cinéma. Les éditeurs, qui reçoivent trop souvent des concentrés de drames, sélectionnent en priorité la légèreté. Naturel aux enfants, il est l'une des grandes composantes des histoires pour la jeunesse. Il permet de dédramatiser certaines situations, et, si l'histoire est légère d'un bout à l'autre, de lui adresser moult clins d'œil.

Ce qui fait rire les enfants, ce sont bien sûr les situations dans lesquelles les personnages se ridiculisent, le non-sens, les transgressions (bonne éducation, blagues un peu lourdes…). Le comique de situation, la transgression, les personnages déjantés d'un monde où les valeurs sont renversées… les enchantent.

> [Le narrateur est un chat.]
> *« Mon fils était né. Je ne le quittais pas des yeux, je n'en respirais plus. Aucun doute, mon fils était cette chose rose et gluante.*
> *Mon Dieu, qu'il était laid ! Mais laid*[1] *! »*
>
> Minou Jackson, *Chat de père en fils*

Ils adorent aussi les jeux de mots – même s'ils n'en comprennent pas toujours la complexité – ne serait-ce qu'aux sonorités : les albums de Claude Ponti, par exemple, ou de Zep, *le prince des mots tordus,* et Titeuf, *Le petit Nicolas*…

Dans cet exemple, un crapaud s'est mis en tête de partager la vie d'une famille. Si les parents « *sont charmés par ce visiteur inattendu* », Agathe, la fille de la maison, le déteste. Voici le début du chapitre 7 :

> « *L'empoisonner ?*
> *Impossible ! Hormis quelques cochonneries d'insectes qu'il dégotait autour du tas de compost, Jeannot mangeait la même chose que mes parents et moi, avec un appétit impressionnant étant donné sa taille.*

---

1. Minou Jackson, *Chat de père en fils*, Casterman Junior, 2008.

> *Lui planter un coup de couteau de cuisine en arrivant par-derrière pendant qu'il se prélassait sur la terrasse ou devant la télé ? J'avais essayé deux fois, mais Jeannot semblait doté d'un sixième sens et d'un instinct phénoménal. Lors de mes deux tentatives, alors que j'arrivais en chaussettes, à pas de louve, brandissant mon arme, il avait murmuré le plus calmement du monde :*
> *– Tu cherches quelque chose, petite fille ? Fais attention à ne pas te blesser, ta maman a aiguisé ce tranchoir avant-hier…*
> *{…} J'avais encore tenté de le supprimer par un autre moyen. Mais le déboucheur de canalisation surpuissant et super toxique que j'avais mélangé à l'eau de sa baignoire ne lui avait pas provoqué la plus petite irritation[1]. »*

Hubert Ben Kemoun, Le Visiteur du soir

### Une touche de poésie

C'est « naturellement », me semble-t-il, que vos récits seront empreints de poésie. La littérature jeunesse est à mon sens profondément animée d'un souffle poétique, par essence. Écrire pour la jeunesse, c'est entrer dans un monde en gestation, où tout est encore possible. Un monde de l'imaginaire au pouvoir, de la parole épurée, du sensible, de l'immédiateté, du sensuel, de l'éveil, des sentiments encore tout neufs. Une autre manière de regard, toujours renouvelé, non pas pur, mais cru, brut, sans détour, parfois violent, à l'image des enfants, pas encore *polis*, sans ambages, spontanés, sans fioriture, une forme de première parole qui va à l'essentiel. Un monde qui offre à voir, à écrire, autrement. Comme vous le savez déjà, et comme tous les exemples émaillés tout au long de ce livre ne cessent de le démontrer.

Mais laissons la parole à Éric Sanvoisin[2] pour conclure ce chapitre :

> *« Certains auteurs prétendent qu'il n'existe pas une écriture spécifique pour la jeunesse, qu'ils écrivent de la même façon quel que soit le public*

---

1. Hubert Ben Kemoun, *Le Visiteur du soir*, Nathan Poche, 2005.
2. Éric Sanvoisin, in site de Christian Grenier, source Ricochet.

## Le style « jeunesse » : quelques grands principes d'écriture

*auquel ils s'adressent. Il n'en va pas de même pour moi. Je ne suis pas dans le même état d'esprit quand j'écris pour les enfants. Je simplifie. Je limite mon vocabulaire, ce qui ne m'empêche pas, parfois, d'utiliser des mots qui n'appartiennent pas au langage courant. Je circonscris la sexualité aux sentiments et aux baisers, même si je conçois des histoires d'amour avec des personnages très jeunes. En fait, le mot simplifier n'est pas tout à fait correct. Car simplifier semble indiquer un appauvrissement, ce qui n'est pas le cas à mon avis. J'adapte mon écriture et mon imaginaire. Il ne s'agit pas de concocter une bouillie qui sera ingurgitable par tous, loin de là. Il s'agit de se mettre à la portée de tous, tout en sachant que :*

*– tout le monde ne se jettera pas sur mes textes,*

*– ceux qui se jetteront dessus ne les apprécieront peut-être pas.*

*Mais c'est tant pis et c'est bien comme ça. L'écriture pour la jeunesse comporte des contraintes, quoi qu'en disent certains ; et ces contraintes, loin d'être des freins, sont parfois des moteurs, des défis à relever. Écrire pour la jeunesse, c'est aussi jouer avec les mots et avec les règles spécifiques au genre (collections très typées qui induisent des longueurs de texte, parfois des thématiques et des tranches d'âge précises).*

*Je m'accorde la liberté de n'écrire que ce que j'ai envie d'écrire, cela signifie que parfois je ne joue pas le jeu, je ne respecte pas les contraintes, je prends le risque de ne pas être publié, j'écris en dehors des clous.*

*Mais c'est ma liberté. »*

PARTIE 3

# Petit cahier d'exercices

# 1
# Faire remonter l'enfance en soi

**Enjeu :**

À partir des thèmes suivants, à la première personne, en faisant remonter l'émotion, racontez comme si c'était un chapitre d'un roman pour la jeunesse :

- Un secret ;
- Un mensonge ;
- Le premier stylo plume ;
- Un chagrin ;
- Une nuit blanche ;
- Une injustice ;
- Une trahison ;
- Le premier baiser ;
- Un vol ;
- Une cachette ;
- Une amitié.

**Le premier baiser :**

« Je la prends dans mes bras. Je n'ai jamais pris de fille dans mes bras. Je la serre fort comme si c'était moi que je voulais réchauffer. Elle relève son visage, elle me regarde, elle ne dit plus rien. À cause du froid, ses yeux sont rouges. Ils sont aussi mouillés. Ce n'est pas le froid. Elle ferme les yeux quand ma bouche touche sa bouche. J'embrasse Cécile. On se connaît depuis la maternelle. Ses mains se faufilent sous ma veste, sous mon pull, elles touchent ma peau. Nos bouches sont collées, et dedans nos langues se caressent. La douceur des gens, c'est dans la bouche qu'on la ressent[1]. »

Christophe Honoré, *Mon cœur bouleversé*.

---

1. Christophe Honoré, *Mon cœur bouleversé*, L'École des loisirs, coll. « Médium », 1999, cité par Daniel Delbrassine, *Le roman pour adolescents aujourd'hui, op. cit.*

# 2 et 3
# Structure et chronologie

**Situation :**

Les grandes lignes d'une histoire.

**Enjeu :**

- Imaginer une histoire simple dans ses grandes lignes en se référant au voyage du héros de Campbell.
- En écrire les différentes séquences, au temps présent, d'une écriture neutre, comme pour un scénario : « *Quand il entre, il voit un animal endormi sur son lit.* »
- Une fois écrites les différentes séquences, en bouleverser la chronologie.
- Choisir une séquence, la développer en chapitre.

**Situation :**

Un conte que vous connaissez bien, ou un que vous voudriez travailler.

**Enjeu :**

- Le raconter par écrit en partant du milieu de l'histoire, ou de la fin, en bousculant le plus possible la chronologie du récit.
- Travailler l'annonce des événements, le suspense.

## *Utiliser les mythes*

**Situation :**

La force et la permanence des mythes.

**Enjeu :**

- Prendre un dictionnaire de la mythologie, choisir une ou deux histoires qui vous parlent le plus (découvrir ou redécouvrir les mythes à travers cette petite recherche ne peut qu'enrichir l'imaginaire).
- En bâtir les grandes lignes en les réactualisant dans une histoire pour la jeunesse.
- En écrire un extrait.

# 4
# Le personnage… moteur d'une histoire

**Situation :**
Création d'un personnage.

**Enjeu :**
- À partir de la fiche personnage, imaginer le héros d'un album jeunesse (entendre personnage au sens large du terme).
- Puis celui d'une série frayeur.
- Enfin celui d'un roman pour adolescents (roman miroir).
- Bien chercher la motivation de chaque héros. Quels conflits à affronter pour aller au bout de sa quête ? Quelles résolutions ?
- Écrire la première page du récit.
- Écrire un fragment de récit, sans début ni fin, en incluant toutes les caractéristiques du style jeunesse.
- Écrire la dernière page du récit.

**Situation :**
Le monde du merveilleux.

## Le personnage... moteur d'une histoire

**Enjeu :**
- Inventer des créatures imaginaires et les décrire ainsi que leurs habitudes, leur lieu et leur mode de vie. Leur faire rencontrer l'un des personnages imaginés ci-dessus.
- Dans quelles circonstances ? Pourquoi ? Quels pourraient être leur rôle et leur fonction dans l'avancée d'un récit possible ?

**Situation :**
Portrait de famille.

**Enjeu :**
Dresser le portrait d'une famille (deux parents, trois enfants) en montrant les relations qui existent entre les différents personnages. Quelles sont les tensions existantes ? Pourquoi ? Comment vont-ils pouvoir les régler ? Quels obstacles, quels freins vont s'opposer à leur résolution ?

**Situation :**
- Au jardin public, chez vous, à la sortie d'une école... deux enfants, ensemble, en train de jouer, de discuter...
- Écrire la scène en essayant d'y inclure des dialogues, même si vous ne les avez pas entendus.

# 5
# Perspective et point de vue

**Situation :**

Vous avez 13 ans. Vous racontez une scène de conflit avec votre meilleur ami, vos parents... dans votre journal intime.

**Enjeu :**

- Écriture du « je », vision interne, émotion et tension dramatique à mettre en place.
- Réécriture de la même scène, mais cette fois d'un point de vue extérieur, à la troisième personne, avec un narrateur omniscient et des dialogues, bien sûr.

**Situation :**

Un conte.

**Enjeu :**

Raconter le petit chaperon rouge du point de vue du loup, de la grand-mère, ou tout autre conte qui vous inspire en changeant de regard sur le déroulement de l'intrigue.

**Situation :**

Imaginez un événement.

**Enjeu :**

Raconter ce même événement à la première personne, vécu selon différents personnages : un adulte, un enfant de 10 ans, une adolescente ou un adolescent.

# 6
# L'emploi des temps grammaticaux : du passé au présent

**Situation :**

Un moment de grande tension.

**Enjeu :**

- Écrire à l'imparfait et au passé simple le passage du *Petit Poucet* (ou tout autre moment clé d'un conte que vous connaissez bien), quand il est caché sous la table et que l'ogre arrive dans la maison et découvre l'enfant. Se souvenir du refrain : « *Ça sent la chair fraîche !* »
- Au moment où la tension est la plus grande, que l'ogre va découvrir le petit poucet, s'apprêter à changer de temps. Les phrases doivent s'accélérer avec la tension grandissante.
- Revenir à la suite de la narration, le temps change de nouveau, les phrases se rallongent.

# 7
# L'*incipit* et le début de l'intrigue

**Situation :**

La première page d'un roman jeunesse.

**Enjeu :**

- Même sans savoir où cela va vous mener, écrire comme ça vient, à la première personne, un début de récit sur un quart de page dactylographiée.
- Faire apparaître le héros, sa problématique, amorcer l'intrigue.

# 8
# Le dialogue

**Situation :**

Deux adolescents font le portrait d'un troisième à travers une activité sportive, un loisir, une expérience…

**Enjeu :**

Dresser un portrait à travers un dialogue.

**Situation :**

L'action se passe en 1916. Deux filles se racontent leur vie, le soir, dans leur lit, à l'internat. L'une est toute nouvelle, c'est sa première nuit.

Point de vue à la troisième personne.

**Enjeu :**
- Utiliser au maximum la fonction des dialogues dans un fragment d'histoire à mettre en place. S'amuser d'une langue un peu différente (ce qu'il vous en semble !).
- Construire la relation qui s'établit entre les deux enfants, leur psychologie, qui doit apparaître à travers l'échange.
- Alterner le dialogue avec quelques éléments de narration qui situent l'action.

*Monologue intérieur*

### Situation :

Un enfant est seul dans une maison, la nuit. Il écoute les bruits, il se monte un film… Point de vue au « je », vision interne.

### Enjeu :
- Créer la peur, l'émotion, le suspense. Travailler son imaginaire.
- Inclure description, actions imaginées, dialogue possible…

# 9
# Le rythme

**Situation :**

Vous avez déjà écrit un manuscrit pour la jeunesse, il s'agit de lui donner plus de rythme.

**Enjeu :**

- En prendre un chapitre ou deux (selon l'importance du manuscrit).
- Essayer de le réduire de moitié.
- Observer quels sont les mots, les phrases supprimées.
- Maintenant, ôter de ce nouveau texte les adjectifs inutiles et les adverbes inutiles, et ne conserver que ceux qui paraissent essentiels.

# 10
# La description

**Enjeu :**
- Faire la description d'un personnage que vous avez croisé ces jours-ci, et ce, sur quatre ou cinq lignes.
- Puis la réduire à deux lignes maximum.

**Enjeu :**
- Faire la description au temps du passé de la chambre que vous occupiez enfant, et ce en soixante mots tout compris.
- La retranscrire au présent.

**Enjeu :**
- Faire la description d'un château fort, d'un jardin, d'un animal… Leur donner un nom.
- Puis ne conserver que cinquante mots de ce texte. Supprimer les adjectifs inutiles, raccourcir les phrases, chercher le mot précis qui remplacerait un groupe de mots trop long…

**Enjeu :**
Faire la description d'un personnage imaginaire, féerique, surnaturel… dans son environnement en quatre lignes dactylographiées. Inventer son nom.

# 11

# L'écriture documentaire

**Situation :**

Leçon de botanique sur les orties.

**Enjeu :**

Réécrire ce texte botanique pour un jeune lecteur d'aujourd'hui. Conserver le point de vue, l'adresse à l'enfant, réactualiser le vocabulaire, le style, le rythme, donner de la vie, soigner la ponctuation… Supprimer si besoin certains passages.

> « Botanique de ma fille
>
> Première tribu des Urticées. – Orties
>
> Tu peux manier sans crainte cette branche d'Ortie que j'ai placée dans ton herbier ; mais lorsqu'elle était fraîche tes petits doigts n'eussent pas osé s'y frotter. Qu'est-il survenu ? Il y avait au bas de chaque poil un petit réservoir plein d'une liqueur brûlante ; ce poil est creux comme un chalumeau ; à la moindre secousse, la liqueur monte au sommet du tuyau, et malheur alors aux peaux fines qui se trouvent en contact avec lui. Tout danger disparaît quand la liqueur s'est évaporée, et une Ortie desséchée n'est pas plus redoutable qu'un tigre empaillé.
>
> Il existe dans les forêts de l'île Maurice une espèce d'Ortie dont les tiges, pareilles à de gros câbles, grimpent jusqu'à la cime des plus grands arbres. Lorsqu'on les coupe, il en sort une eau très bonne à boire et assez abondante pour étancher une soif ordinaire ; mais c'est un secret que tout le monde ne connaît pas,

et il m'est arrivé de rencontrer des chasseurs couchés au pied de cette liane, haletants, près de rendre l'âme faute de connaissances suffisantes en botanique ; d'un coup de serpette je leur faisais jaillir une source d'eau pure, et ces bonnes gens me bénissaient comme un Dieu.

Les habitants de la mer Pacifique fabriquent d'assez jolies étoffes avec les fibres de la *Néraudie*. Néraudie ! ce nom ressemble fort à celui d'un de nos amis : quel est le voleur, de l'homme ou de la plante ? Cela devient grave, voyons un peu.

Lorsqu'un botaniste découvre une plante nouvelle, de droit il en devient le parrain. Cependant il n'est pas libre de lui donner le premier nom qui lui passe par la tête ; il est des règles à suivre. Il faut que le nom qu'il impose soit :

1. Ou celui que porte cette plante dans son pays natal. Ex. : le Cocos, le Jasmin, l'Aloès ;
2. Ou tiré de quelqu'une de ses qualités, comme *Alliaire*, qui sent l'Ail, *Campanule*, petite cloche, *Immortelle*, dont les fleurs ne se flétrissent jamais, *Consoude*, qui cicatrise les plaies, etc. ;
3. Ou bien un nom d'homme. Dans ce dernier cas, il est permis de s'adresser à la fable. Ainsi Diane, Mercure, Adonis, Centaure, Esculape sont devenus des noms de fleurs. Mais le plus ordinairement on préfère à ces noms mythologiques ceux des naturalistes. Dans le commencement, l'honneur de ce *parrainage* ne s'accordait qu'aux maîtres de la science ; mais le nombre des plantes nouvelles s'accroissant chaque jour, il a bien fallu se rabattre sur le menu des savants. C'est ainsi, ma chère petite, que l'on est arrivé jusqu'à ton père, et que mon nom est devenu celui d'une plante[1]. »

Jules Neraud, *Botanique de ma fille*

**Situation :**

Un sujet documentaire que vous connaissez bien.

---

1. Jules Neraud, *Botanique de ma fille*, Revue et complétée par Jean Macé, Bibliothèque d'éducation et de récréation, autour de 1880, J. Hetzel éditeur.

**Enjeu :**

Écrire quatre approches différentes sur un même thème, stimuler l'inventivité, la technique d'écriture.

En exemple, trois introductions au monde des étoiles :

> « Un ciel, des ciels, des cieux
> En levant le nez, peut-être as-tu remarqué l'étrange couleur métallique d'un nuage, la forme rigolote d'un autre, l'immensité de l'espace vu du haut d'une montagne. Une nuit, peut-être as-tu déjà observé l'imperceptible pulsation des étoiles, l'étonnant zip doré d'une étoile filante, la beauté de la lune rouge[1]. »
>
> Michèle Mira Pons, Le Ciel à petits pas

> « Observez le ciel par une belle nuit claire. Qu'est-ce qui brille le plus ? La plupart du temps, il s'agit de la lune. Si elle semble si grosse et si lumineuse, c'est parce qu'elle est notre plus proche voisine dans l'espace. Même si elles nous paraissent minuscules, les étoiles sont pourtant gigantesques, plusieurs milliers de fois plus grosses que la terre[2]. »
>
> Collectif, Le Livre de l'espace. À lire dans le noir

> « Quand, par une belle nuit d'été, on contemple le ciel étoilé, on ne peut éviter de se poser certaines questions :
> – Combien d'étoiles voit-on ?
> – À quelle distance sont-elles ? Appartiennent-elles au système solaire ?
> – Depuis combien de temps brillent-elles ?
> – Quelles sont les limites de l'univers visible ?
> Les hommes se posent de telles questions depuis des millénaires. Aujourd'hui, grâce au travail et à la passion de dizaines et de dizaines de savants, certaines réponses sont connues[3]. »
>
> Michel Rousselet, Le ciel et les étoiles, premiers itinéraires en astronomie.

---

1. Michèle Mira Pons, *Le Ciel à petits pas*, Actes Sud Junior, 2001.
2. Collectif, *Le Livre de l'espace. À lire dans le noir*, Casterman, 2002.
3. Michel Rousselet, *Le ciel et les étoiles, premiers itinéraires en astronomie*, Pole, coll. « Tangente », 2005.

# 12

# L'actualisation de trois récits du XIXᵉ : exercice (savoureux !) de réécriture

Je vous propose, en apothéose, de terminer par une *application générale* des différents points stylistiques soulevés. Ces trois textes, une nouvelle et deux débuts de récit présentent nombre de caractéristiques propres à l'écriture jeunesse de cette époque. Il s'agit de les réactualiser. L'objectif ? Quelques pages bien enlevées, dignes d'un roman jeunesse d'aujourd'hui.

## « C'est vieux ! », *La poupée modèle*

**Situation :**
Un enfant, lassé de ses jouets, s'ennuie.

**Enjeu :**
- Réactualiser la scène (environnement, objets…) et le style narratif de cette histoire dans le monde d'aujourd'hui, appliquer toutes les techniques narratives vues dans cet ouvrage, caractéristiques d'un récit pour la jeunesse (rythme, ton, etc.).
- Adapter le dialogue dans sa présentation et ponctuation actuelles.

- Retravailler la Perspective, la voix du narrateur : qu'il s'agisse d'un point de vue à la troisième personne, le « Il », ou d'un point de vue à la 1re, le « Je », la voix du narrateur dans la grande majorité des histoires pour la jeunesse au XIXe manque totalement de naturel. On entend en sourdine, voire en porte-voix, la voix de l'adulte moralisatrice derrière celle de l'enfant. De même, quand les enfants dialoguent, ils manquent totalement de spontanéité, gnangnans, complaisants, poseurs... Il s'agit de leur rendre toute leur vérité, leur spontanéité.
- Raccourcir sensiblement de moitié le texte (suppression de passages inutiles).

**Extrait du Journal des petites filles, *La poupée modèle* :**

" Monsieur Pierrot est triste. Il est à plat ventre sur le tapis, et, mélancoliquement, cherche à découdre la bordure.
Pierrot s'ennuie.

Est-ce qu'il aurait mal dit ses leçons ? demande en rentrant la sœur Jeanne.

Non, Pierrot a très bien travaillé et, pour ses neuf ans, c'est un bon garçon.

Eh ! bien, alors ? répète la grande sœur.

Eh ! bien, Pierrot ne sait à quoi s'amuser, aujourd'hui dimanche, jour de pluie. Les jouets ne lui manquent pas, cependant ; le jour de l'an n'est pas loin encore, et le petit bonhomme a été comblé. C'est d'abord une superbe boîte de soldats (de quoi faire le siège d'une grande ville), puis un tombereau magnifique, puis un chemin de fer électrique, puis des chevaux, des polichinelles, un clown qui fait toutes sortes de drôleries, un lapin qui sautille en rongeant une carotte et une infinité d'autres choses qui m'échappent.

Oui, soupire Pierrot, je comprends les joujoux qu'on n'a jamais vus, avec lesquels on n'a jamais joué, mais des lapins qui mangent toujours la même carotte...

Mais non, mais non ! dit la petite Louise qui arrive scandalisée, il fait semblant... !

Comme tu voudras, il fait semblant. Et mon polichinelle qui rit toujours !

Ce ne serait plus un polichinelle, remarque Louise judicieusement, s'il ne riait pas.

Enfin, tous ces jeux m'ennuient ; je les connais, archiconnais. Vous autres les filles, vous n'aimez pas comme nous, le changement. Vous avez toujours les mêmes poupées pendant des semaines et vous les trouvez toujours aussi jolies. Nous, c'est autre chose. Je dis, moi – conclut Pierrot d'un air décidé, en s'appuyant sur ses coudes –, je dis que tous ces jouets sont vieux, que j'en ai assez, qu'il m'en faudrait d'autres. Comme on ne m'en donnera pas, je vais dormir, voilà !

Alors, pourquoi que tu aimes tant grand-père ? demande la petite Louise. Il y a bien plus longtemps que tu le connais. Il est encore bien plus vieux, et tout courbé, et sans cheveux ! Pourtant tu nous dis toujours, quand tu veux nous faire enrager : Allez, vous êtes des sottes, j'aime bien mieux grand-père que vous ! Et la tante Berthe chez qui tu veux toujours accompagner maman ? On ne peut pas dire qu'elle soit jeune, celle-là ? à moins que ce ne soit pour les pastilles de sa bonbonnière…

Du tout, Mademoiselle, ce n'est pas pour les pastilles, c'est parce qu'elle est très bonne, – riposte Pierrot indigné ; – je ne suis pas un intéressé, moi, j'aime les gens pour eux, quand même qu'ils sont vieux.

Mais, répond Louise qui discute volontiers, les vieilles choses, il paraît qu'on les aime aussi, puisque maman n'a jamais voulu laisser recouvrir cette horreur de prie-dieu de sa chambre, en disant qu'il lui semblait que c'était encore comme quelque chose de grand'mère.

Jeanne, la plus grande, avait écouté les petits. Elle se pencha tendrement vers son frère, et le baisant sur ses bonnes grosses joues rouges :

Écoute, mon Pierrot, ne te fâche pas. Louise n'a pas tort. Tu aimes grand-père, quoiqu'il soit vieux et aussi la tante Berthe. Tout le monde ne sera pas ton grand-père ou ta tante.

Tes joujoux, lorsqu'on te les a donnés, te semblaient bien beaux, ce n'est que parce que tu as joué avec eux que tu en es las. Dans le monde, il y a beaucoup de grandes personnes qui sont comme toi et se fatiguent vite de ce qu'elles possèdent. Ne deviens pas comme elles. Souviens-toi du plaisir que tes jeux t'ont causé aux premiers jours ; s'ils ne sont plus aussi jolis, pense que tu en es la cause. S'ils pouvaient parler, ils te diraient tristement : "Pierrot, mon ami, nous étions tout reluisants, lorsqu'on nous a mis dans tes bras. Tu as joui de nous ; il nous en a coûté un œil, une jambe, quelquefois la tête. Ce n'est pas notre faute si nous sommes devenus vieux avant le temps. Aie donc quelque pitié pour nous qui avons fait ta joie..." Et, ajoute encore Jeanne, regardant Pierrot du coin de l'œil, quand, autour de toi, ceux qui t'aiment perdront peu à peu leur jeunesse et leurs attraits en dépensant leurs forces à ton profit, quand ils n'auront plus cet extérieur qui te charme, quand ma sœur nommée Jeanne, au lieu de ses cheveux bruns que tu aimes tant, aura une vieille perruque de travers...

Eh ! bien, sanglote Pierrot qui est incapable de supporter une pareille idée, eh ! bien, je l'aimerai tout de même, elle ne sera jamais vieille pour moi, ni elle, ni papa, ni maman, ni personne. J'aimerai tout ce qui sera vieux, vieux, c'est bien sûr... Seulement, ajoute le pauvret d'un ton suppliant, ne me raconte plus des choses si tristes, petite Jeanne[1] ! »

A. de Kermant, « C'est vieux ! »,<br>
*La poupée modèle, journal des petites filles*

---

1. A. de Kermant, « C'est vieux ! », in *La poupée modèle, journal des petites filles*, Paris, Alcan-Levy, juillet 1887.

## Thérèse à Saint-Domingue

**Enjeu :**

- Cette fois, il s'agit de conserver le cadre historique, mais toujours de réduire le texte, d'aller à l'essentiel, sans complaisance. Supprimer des passages si besoin est.
- La transcription des dialogues est aussi à réactualiser, *exit* les guillemets.
- Le rythme : si le souci de rendre le texte vivant est notoire, par l'usage d'un style alambiqué, l'ensemble sent le vieilli. Ici, le style alambiqué joint aux leçons de morale alourdit toute tentative de légèreté, d'émotion. Édulcorez-le.
- Les phrases des descriptions, entre autres, peuvent être simplifiées par la réécriture de certaines phrases complexes que l'on peut alléger. Ainsi, peut-on supprimer des pronoms relatifs (qui et autres), lesquels relient deux phrases simples en une plus longue, complexe, et les remplacer par deux phrases simples. Par exemple, sur la phrase précédente : « *Ainsi peut-on supprimer des pronoms relatifs (qui, et autres...). Ils relient deux phrases en une plus longue, complexe. Elle peut être remplacée par deux phrases courtes.* »
- La forme passive, peut *être* remplacée parfois *par* la forme active, ce qui rend la phrase plus vivante. Par exemple, sur cette phrase : « *La forme active peut remplacer parfois la forme passive...* »
- Le choix des mots (lexique), qu'il s'agisse des noms ou des verbes, est parfois ampoulé. Il faut chercher d'autres mots qui respectent l'impression, le sens, les images voulues par l'auteur.
- La ponctuation : elle sera sans doute à bouleverser, voire à réactualiser, un peu selon le ton que vous emploierez. N'oubliez pas d'en jouer, elle fait sens.

## L'ACTUALISATION DE TROIS RÉCITS DU XIXᵉ

**Extrait de *Thérèse à Saint-Domingue* :**

« Chapitre 1 :

Départ pour Saint-Domingue

On était en 1789. Une froide pluie d'automne assombrissait la ville du Havre, et cependant une grande agitation régnait sur les quais, car un des vaisseaux qui faisaient la traversée d'Amérique s'apprêtait à mettre à la voile. Un assez grand nombre de passagers montaient à bord du navire et la plupart laissaient derrière eux des parents ou des amis qui restaient sur le quai pour envoyer les derniers signes d'adieu à ceux qui allaient s'éloigner.

Une dame et une petite fille venaient cependant d'embarquer sans paraître laisser aucun visage ami sur le sol qu'elles quittaient. Toutes deux étaient en grand deuil. La dame, pâle et impressionnée, portait sur ses traits l'empreinte d'une grande tristesse. Elle était grande, mince et distinguée. La petite fille qu'elle tenait par la main avait le même type : remarquable, non par une beauté régulière, mais par une physionomie des plus attachantes, mobile et intelligente, et avec un regard tendre et profond à la fois, indiquant une nature peu commune. Elle semblait avoir dix ans.

Malgré leur isolement, l'adieu à la France était évidemment douloureux, à la mère surtout ; et lorsque le vaisseau, s'ébranlant, commença à s'éloigner lentement du rivage, des larmes s'échappèrent de ses yeux, qu'elle tenait fixés sur le lieu du départ. Quand les objets devinrent de moins en moins distincts et que la ville elle-même n'apparut plus que vaguement au loin, la pauvre femme ne put retenir un sanglot et tomba, accablée, sur un des bancs du pont. Sa fille, qui la regardait avec anxiété sans oser lui parler, se jeta alors dans ses bras, pleurant aussi.

"Oh ! ma chère maman, ne vous désolez pas ! Vous ne laissez pas tout en France, vous l'avez dit vous-même ; puisque votre petite Thérèse vous suit et ne vous quittera jamais, vous savez !"

Et la pauvre petite embrassait sa mère et se pressait contre elle. Ces paroles et surtout l'expression de tendresse qui les accompagnait calmèrent la pauvre femme. Elle sentit la nécessité de prendre sur elle pour ne pas attrister davantage sa fille, et elle descendit avec elle dans la cabine qui leur était réservée pour la traversée.

M$^{me}$ de Vernoux quittait en effet, en s'éloignant de la France, les restes de ce qu'elle avait aimé le plus au monde : son mari qu'elle venait de perdre, jeune encore, à la suite d'une longue maladie.

Créole de naissance, et née à Saint-Domingue, elle y avait perdu sa mère lorsqu'elle était encore tout enfant ; et à la suite de ce malheur, son père, qui était d'origine française, s'était décidé à quitter la colonie et était revenu dans son pays natal. Sa fille avait donc été élevée dans des habitudes toutes françaises, et à vingt ans avait épousé M. de Vernoux. Les premières années de ce mariage avaient été heureuses, et la naissance de la petite Thérèse avait complété ce bonheur. Malheureusement des revers de fortune vinrent frapper le père de M$^{me}$ de Vernoux et hâtèrent sa mort. Aussi, lorsque, deux ans après, M. de Vernoux succomba à son tour, sa femme se trouva complètement isolée, car il n'avait de son côté aucun proche parent.

La douleur de M$^{me}$ de Vernoux fut donc encore augmentée par la pensée du triste avenir qui attendait sa fille et par la crainte de l'abandon de la pauvre enfant si elle-même venait à lui manquer ! Sa fortune était peu considérable, et la pauvre veuve songeait à s'établir dans un appartement plus modeste que celui qu'elle avait occupé jusque-là à Paris, lorsqu'une lettre de Saint-Domingue vint tout à coup renverser tous ses plans. Des parents lui étaient restés dans l'île, et c'était un frère de sa mère qui, apprenant la mort de M. de Vernoux, écrivait à sa nièce la lettre suivante :

"Saint-Domingue, 3 octobre 1789.

"Ma chère nièce,

"La nouvelle de votre malheur vient de me causer une bien pénible impression, car, bien que je n'eusse jamais connu votre mari, je me représente trop facilement la douleur que vous ressentez, et dont je vous plains sincèrement. Vous avez quitté si

jeune Saint-Domingue, que vous ne vous souvenez probablement pas de l'oncle que vous y avez laissé ; mais moi, quoique bien plus jeune que votre pauvre mère, j'avais pour elle une affection qui ne peut me laisser indifférent à ce qui touche sa fille ; et sachant combien la mort de votre mari vous laisse isolée en France, je viens vous rappeler que vous avez une famille qui s'intéresse à vous et à votre enfant, et serait heureuse de vous le prouver. Puisque tous les liens qui vous retenaient en France se trouvent si tristement brisés, pourquoi ne pas vous rapprocher des parents qui vous restent dans votre pays natal ? Ma femme accueillerait avec joie aussi la nouvelle de votre retour parmi nous, et mes enfants, qui ne sont pas beaucoup plus âgés que votre fille, se réjouiraient de l'arrivée de cette petite compagne, car il est bien entendu que le même toit nous abriterait tous. Écrivez-moi donc, ma chère nièce, et dites-nous que vous acceptez ce nouveau plan de vie que je suis heureux de vous proposer.
"Votre oncle affectionné,
"E. de Monrémy"
Cette lettre toucha M$^{me}$ de Vernoux ; mais la proposition inattendue qu'elle renfermait la jeta dans une grande perplexité. Elle avait complètement oublié Saint-Domingue, et c'était seulement par diverses conversations de son père qu'elle connaissait les membres de la famille qui lui restaient dans les colonies. Jamais elle n'avait songé qu'elle eût pu un jour se rapprocher d'eux ; et, bien que tout fût triste autour d'elle maintenant, les souvenirs d'un passé plus heureux la rattachaient à la France. Au premier abord elle repoussa donc de son esprit toute idée de départ et allait répondre négativement à son oncle, lorsque la pensée de Thérèse vint modifier cette première impression. Avait-elle le droit de faire perdre à sa fille l'appui des seules relations qui lui restaient et faisaient preuve à son égard de dispositions si bienveillantes… ? et ne regretterait-elle pas un jour d'avoir empêché ce rapprochement… ? Après de bien pénibles hésitations, la pauvre femme se sentit le courage de se sacrifier à sa fille

et de répondre à son oncle que puisqu'il voulait bien se souvenir d'elle, elle serait heureuse aussi de voir les années d'enfance de Thérèse s'écouler au milieu de la vie de famille qui lui aurait manqué si complètement en France. Quelques semaines après cette détermination, toutes deux s'embarquaient comme nous l'avons vu.

Dans ce temps-là, les traversées d'Amérique étaient beaucoup plus longues que de nos jours sur les paquebots à vapeur. Mais M$^{me}$ de Vernoux se sentit plutôt soulagée de ces moments de transition entre sa vie d'autrefois et celle, si nouvelle, qu'elle allait trouver désormais.

Elle tâcha aussi, en causant avec sa fille, de l'habituer par avance à tout ce qu'elle allait voir dans ce pays si opposé à celui qu'elle quittait. La nouveauté de cette vie amusait par moments Thérèse ; mais elle avait instinctivement quelque chose de la répugnance de sa mère lorsqu'elle envisageait les habitudes si différentes qu'il lui faudrait prendre !

Le voyage fut assez heureux et sans incidents, et un matin, en montant sur le pont, M$^{me}$ de Vernoux entendit le capitaine signaler l'île Saint-Domingue, dont les côtes apparaissaient comme une brume à l'horizon.

Tout s'agita bientôt sur le navire, et chacun faisait les préparatifs pour le débarquement. Seule, M$^{me}$ de Vernoux était péniblement impressionnée, mais le cachait à sa fille. Enfin le navire entra en rade, et un grand nombre de petits canots s'avancèrent pour transporter à terre les passagers. – Thérèse regardait avec étonnement les matelots nègres qui conduisaient ces embarcations, voyant pour la première fois des noirs rassemblés en aussi grand nombre.

L'un des canots aborda en ce moment le navire, et un homme monta l'escalier qui conduisait au pont. Il paraissait avoir quarante-cinq ans environ, était grand, brun, avec des traits accentués et un air assez déterminé. Il avait le costume des planteurs de la colonie. Il adressa quelques mots au capitaine, qui lui désigna M^me de Vernoux, et l'étranger s'avança rapidement vers elle en lui tendant la main.

"Soyez la bienvenue, ma chère nièce, dit-il, dans ce pays que vous avez quitté depuis si longtemps, mais que vous aimerez bientôt, j'espère, comme votre pays natal d'abord, puis, ajouta-t-il avec une expression de visage plus ouverte et agréable que celle qui lui était habituelle, parce que vous vous trouverez au milieu de cœurs amis qui se préparent à vous y rendre la vie douce et heureuse… Et vous aussi, ma chère petite, dit-il en se tournant vers Thérèse à demi cachée derrière sa mère, vous avez des cousins qui attendent votre arrivée avec impatience, et je vais vous conduire sans tarder à notre habitation."

Reconnaissante de cet accueil, M^me de Vernoux embrassa son oncle et, refoulant ses larmes, le remercia d'avance avec affection pour elle et pour sa fille.

En quelques minutes tous trois furent à terre ; mais l'habitation de M. de Monrémy était à deux ou trois lieues de la côte, et une voiture, conduite par un cocher nègre, les attendait sur le rivage. Lorsqu'on se fut un peu éloigné du Cap-Haïtien, lieu du débarquement, le sol devint cultivé, car on longeait les diverses plantations des colons français de cette partie de l'île. On voyait au loin des groupes de nègres et de négresses travaillant dans des rizières et dans des plantations de cannes à sucre. Leurs costumes, leurs types, si différents de tout ce que Thérèse connaissait, lui donnaient une physionomie si étonnée, que son oncle souriait en la regardant. La petite n'osait pourtant pas encore le questionner et se contentait d'observer.

Les prairies couvertes d'un gazon épais et verdoyant, quelques bouquets de pins et des bois d'acajous annoncèrent bientôt le voisinage d'une habitation, et M. de Monrémy leur dit en effet que dans peu de minutes ils seraient arrivés. Peu après, la voiture s'arrêtait devant un grand bâtiment, un peu bas et ayant sur toute la longueur de sa façade une véranda dont les colonnes étaient entourées de feuillages et de plantes odoriférantes. Le toit, qui était plat, formait une sorte de terrasse.

Des serviteurs nègres se précipitèrent à l'arrivée de la voiture et, s'emparant des malles et des paquets, se hâtèrent de transporter les bagages dans l'intérieur de l'habitation.

[...]

Au même moment s'ouvrit une grande porte donnant dans cette galerie, et Mme de Monrémy, suivie de ses deux enfants, s'avança vers Mme de Vernoux. Elle était brune et avait la démarche un peu languissante de la plupart des Créoles. Sa figure, agréable au premier abord, manquait cependant de physionomie et gardait toujours la même expression terne et presque indifférente.

Elle reçut néanmoins sa nièce avec amabilité et eut même pour Thérèse des manières affectueuses qui auraient achevé de mettre celle-ci tout à fait à son aise, si la présence de ses deux cousins ne l'eût un peu effarouchée. Ni l'un ni l'autre ne ressemblait aux enfants que Thérèse avait vus jusque-là. Le garçon, qui avait l'air d'avoir treize ou quatorze ans, était très grand, mais gros en proportion ; et son air plus que décidé, la manière dont il regardait sa cousine avec une expression à la fois étonnée et un peu dédaigneuse, n'étaient pas faits pour rassurer la pauvre petite. Aussi répondit-elle à peine quand il lui dit bonjour, et elle s'empressa de s'avancer du côté de sa cousine.

Celle-ci en effet lui semblait bien plus agréable que son frère, et cependant c'était une singulière petite fille ! Assez petite pour ses onze ans, et plutôt maigre, avec son teint brun, des cheveux très noirs, elle n'était pas jolie du tout ; mais, quand on voyait son expression ouverte et franche, on se sentait attiré vers elle, malgré ses allures brusques et un ensemble de manières qui lui donnaient un peu l'air d'un garçon ; ses cheveux, coupés courts par suite d'une maladie, complétaient cette ressemblance.

Ce fut elle qui parla la première à Thérèse : elle lui prit tout à coup la main pendant que les grandes personnes se dirigeaient en causant vers le salon, et lui dit avec un peu de brusquerie, mais d'un ton où l'on sentait de la bonté :

"Ma cousine Thérèse, nous ne vous connaissons pas encore, mais vous savez que nous sommes très contents, Ernest et moi, que

vous soyez arrivée. Nous n'avons aucun ami ici, et à force d'être toujours tous les deux ensemble, nous finissons par nous ennuyer. Aussi je suis bien contente que votre maman vous ait amenée et je suis décidée à vous aimer beaucoup, et Ernest aussi. N'est-ce pas, Ernest ?
ERNEST
Certainement… si elle se trouve contente ici. Mais… elle n'en a pas trop l'air !
GABRIELLE
Ce n'est pas étonnant, elle vient seulement d'arriver… J'aime beaucoup sa figure, au contraire : elle n'a pas l'air grognon du tout, et je suis enchantée d'avoir une nouvelle petite amie. Vous verrez, Thérèse, que vous vous habituerez très bien à notre pays, et nous vous ferons voir toutes sortes de choses qui vous amuseront comme nous."[1] »

Madame A. Fresneau, *Thérèse à Saint-Domingue*

## La Petite Duchesse

**Enjeu :**

Même procédé, cette fois en plaçant ce chapitre dans un cadre contemporain.

**Extrait de *La Petite Duchesse* :**

« Chapitre IV

La petite duchesse s'exaspère

Quand le landau entra dans la cour de l'hôtel, il commençait à faire sombre. M. de Valroux, qui fumait au balcon, vint à la rencontre des promeneuses, pour leur demander de se hâter dans leurs arrangements de toilette, l'heure du dîner étant passée.

---

1. Madame A. Fresneau, née de Ségur, *Thérèse à Saint-Domingue*, ouvrage illustré de 44 vignettes par Tofani Paris, Librairie Hachette et Cie, 1888.

"J'ai une nouvelle à vous annoncer, dit-il à sa femme ; mais, pour vous punir de votre inexactitude, je ne la dirai qu'à table."

Et, pour échapper à ses sollicitations, il disparut.

Madeleine, aiguillonnée par la curiosité, changea à la hâte sa toilette de ville et s'empressa de descendre.

Mais son mari était en veine de taquinerie et il se fit un jeu d'exciter sa curiosité jusqu'au dessert. Le dessert servi, il leva son verre de cristal, où étincelait un liquide vermeil, et dit :

"Je bois à la santé de Maurice de Fresnel et de sa femme, qui viennent passer la soirée avec nous.

– Ginevra ! s'écria M$^{me}$ de Valroux ; Ginevra serait à Paris ?

– Depuis hier.

– Médéric, vous plaisantez : elle était partie pour Naples.

– Oui, mais la fièvre y sévit, son frère est nommé attaché d'ambassade à Paris, elle y revient.

– Quel bonheur !" s'écria M$^{me}$ de Valroux.

Alberte, qui avait écouté la conversation avec la curiosité enfantine, naturelle à son âge, crut le moment venu de demander des explications. Madeleine lui dit que M$^{me}$ de Fresnel était une Écossaise charmante, oh ! trois fois charmante, qu'elle avait rencontrée à Nice l'année de son mariage, avec laquelle elle s'était liée très-intimement, et qu'elle n'espérait plus revoir. Elle la dépeignit comme un type de la plus pure beauté anglaise, blanche et rêveuse à enthousiasmer, et ne cessa d'en parler jusqu'à l'heure tant désirée des visites du soir.

En l'honneur de son arrivée, elle passa le salon en revue, fit placer des fleurs fraîches, et se mira beaucoup dans les hautes glaces, en exprimant ses regrets d'être habillée des pieds à la tête de cet affreux noir. Enfin, elle parla tant de son amie anglaise, qu'Alberte conçut un désir très-vif de voir cette merveille.

Aussi fut-elle singulièrement contrariée lorsqu'elle crut s'apercevoir que l'on complotait de la bannir du salon, précisément ce soir-là. Ne sachant comment employer les loisirs de l'attente, elle s'était mise à déplacer et à ranger à sa fantaisie les pièces d'ivoire d'un magnifique échiquier ouvert sur un meuble.

M. et M^me de Valroux, la croyant très-occupée de son jeu, causaient à voix basse.

"Raoul vient ce soir, disait M. de Valroux, si l'on envoyait coucher Alberte ? Tu sais qu'elle glace sa verve et qu'il devient, lorsqu'elle est là, ennuyeux comme la pluie.

— C'est tout simple, une enfant est toujours gênante, surtout une enfant curieuse comme Alberte. Elle ne peut rester ce soir au salon."

L'éléphant dont Alberte considérait la trompe recourbée échappa à ses doigts ; mais elle n'eut garde de se détourner.

"D'ailleurs, j'y ai pensé tout aujourd'hui, reprit M^me de Valroux. Il n'y aura plus moyen de la garder le soir. Ginevra nous viendra très-souvent, Alberte gênerait nos conversations intimes. Elle est très gênante."

Cette fois, ce fut le fou qui roula sur le plateau de laque.

"Alberte, as-tu juré de casser ce soir les pièces de ce précieux échiquier ? dit M. de Valroux en élevant la voix.

— Elle a sans doute envie de dormir, ajouta Madeleine. Médéric, sonnez donc la femme de chambre."

M. de Valroux marcha vers la cheminée ; mais, au moment où il allait saisir le gland de soie, la main d'Alberte se posa sur la sienne.

"Je n'ai pas sommeil du tout, et je ne veux pas remonter dans ma chambre", déclara-t-elle.

Il regarda sa femme d'un air d'indécision comique.

"Sonnez, dit-elle.

— Ne sonnez pas, Médéric ! cria Alberte avec colère, je ne monterai pas."

M. de Valroux regarda alternativement le visage enflammé d'Alberte et la figure contrariée de sa femme.

"Hé ! l'enfant s'émancipe, dit-il.

— Parce qu'on lui cède toujours, répondit M^me de Valroux ; ce soir je ne lui céderai pas."

Et, s'adressant à Alberte, elle ajouta d'une voix impérieuse :

"Voilà deux jours que tu me fais des scènes ; j'ai eu la faiblesse de te laisser passer la soirée au salon, ce qui a fait fuir tous nos amis ; c'est fini, désormais tu remonteras après le dîner.
– Et si je ne le veux pas ? dit Alberte. Je sais bien pourquoi M. Raoul n'aime pas que je sois là : il craint que je ne répète ses bêtises.
– Oh ! ceci est insupportable ; sonnez donc, Médéric !
– Ne sonnez pas ! Je remonterai demain ; mais pas ce soir : ce soir, je veux voir l'Anglaise.
– Tu ne la verras pas.
– Je la verrai."
M$^{me}$ de Valroux s'élança vers la sonnette et l'agita violemment.
Alberte voulut protester ; mais la porte s'ouvrit tout à coup et un domestique annonça :
"M. le comte et M$^{me}$ la comtesse de Fresnel."
Une jeune femme blonde, jolie comme on sait l'être en Angleterre jusqu'à vingt-cinq ans, s'avança souriante, et ce fut un échange de saluts, de serrements de mains, de phrases mélodieuses et de sourires sans fin.
Alberte, à demi cachée derrière un fauteuil, ne quittait pas des yeux les deux jeunes femmes, qui venaient de s'asseoir, côte à côte, sur le canapé.
Tout à coup la porte s'ouvrit devant Céline.
La marquise chercha Alberte des yeux et dit gracieusement :
"Le bougeoir de Mademoiselle."
Alberte comprit qu'elle était définitivement congédiée et se décida à se montrer.
"Ma sœur", dit M$^{me}$ de Valroux, quand elle s'inclina devant son amie.
M$^{me}$ de Fresnel tendit la main à Alberte, qui la serra timidement, puis s'en alla d'un air concentré.
Dans l'antichambre, Céline prit un bougeoir de cuivre ciselé et se dirigea vers l'escalier.
"Je monterai bien toute seule", dit Alberte.

Et, lui prenant le bougeoir des mains, elle regagna rapidement sa chambre.

Ah ! qu'elle lui parut triste, maussade, ennuyeuse, cette ravissante chambre blanche.

N'était-elle pas devenue une prison ?

On l'avait exilée du salon, de ce lieu plein de lumière, de fleurs et de gens aimables qui lui prodiguaient mille petites flatteries délicates. On l'avait renvoyée. C'était une enfant, une pensionnaire. Oh ! comme elle en voulait à Médéric et à Madeleine, à Madeleine surtout, pour laquelle elle avait été une poupée si complaisante. Irritée comme elle l'était, elle ne songea pas à se coucher, elle voulait désobéir au moins en quelque chose. Après avoir tourné et retourné dans sa chambre comme un moineau franc dans sa cage, elle eut l'idée d'ouvrir ses persiennes, afin de se donner un spectacle quelconque. Elle les ouvrit à grand'peine et, fermant la fenêtre, se mit à regarder mélancoliquement le paysage estompé en noir et quelque peu fantastique que présentent les Champs-Élysées, la nuit.

Sur les allées sombres, les voitures entre-croisaient leurs lanternes allumées qui produisaient l'effet de lucioles gigantesques.

Les piétons ressemblaient à des ombres chinoises, et les chevaux semblaient traîner des corbillards.

Le spectacle était triste et parut très-monotone à Alberte. Toujours tourmentée par le mauvais esprit, elle alla, sachant bien qu'elle désobéissait gravement, chercher un livre dans la chambre de sa sœur, puis elle s'installa auprès de la fenêtre, plaça le bougeoir sur l'appui et se dit qu'elle resterait là jusqu'au départ des visiteurs, et que Madeleine la trouverait debout et lisant. C'était ainsi qu'elle se vengerait.

L'imprudente n'avait oublié qu'une chose : c'était de bien fermer la porte de l'appartement voisin. Un léger courant d'air vint agiter les rideaux transparents sans qu'elle y fît attention. Tout à coup l'un d'eux, effleurant la flamme de la bougie, prit feu.

Alberte effrayée jeta son livre et, se voyant entourée de flammes, s'enfuit en criant. Maîtres et domestiques accoururent.

Les rideaux de mousseline étaient déjà détruits, les rideaux et le lambrequin de reps bleu flambaient.

Ce n'était rien encore, et les élégants visiteurs se firent un jeu d'éteindre eux-mêmes ce commencement d'incendie.

De leurs mains gantées ils se saisirent des seaux, des brocs pleins d'eau qu'apportaient les domestiques effarés, et les lancèrent sur les rideaux, qui se détachèrent et tombèrent en loques noircies. On les enleva et bientôt il ne resta d'autres traces de l'accident que des lambris fortement noircis, un parquet sali et une odeur de soie brûlée.

Le feu étant éteint, les persiennes fermées, personne ne s'occupa d'Alberte ni de ses émotions poignantes, et bientôt elle se retrouva avec Céline dans sa petite chambre souillée.

Céline avait l'air de fort mauvaise humeur.

"Mademoiselle compte-t-elle rester là toute la nuit ? demanda-t-elle à la pauvre Alberte, qui suivait mélancoliquement des yeux les arabesques capricieuses que les flammes avaient dessinées jusque sur le plafond.

– Descendez, Céline, si vous le voulez, répondit-elle.

– Je le voudrais bien : il y a une réunion ce soir à l'office, et on m'en voudra d'y manquer. Mais Madame, qui a une peur bleue du feu, m'a défendu de vous quitter avant d'avoir éteint la lumière."

Alberte comprit qu'elle était gardée à vue et, ne voulant pas augmenter le mécontentement de la femme de chambre, elle marcha docilement vers son lit.

Avant de se déshabiller, elle se mit à genoux et murmura avec une ferveur inaccoutumée la prière qu'elle avait bien souvent omise[1]. »

Mlle Zénaïde Fleuriot, *La Petite Duchesse*

---

1. Mlle Zénaïde Fleuriot, *La Petite Duchesse*, ouvrage illustré de 73 gravures dessinées sur bois par A. Marie, 3ᵉ édition, Paris, Librairie Hachette et Cie, 1880.

# Conclusion
# Écrire vrai

> « *Les enfants montrent, la plupart du temps, une extrême répugnance à lire les livres qui sont faits pour eux-mêmes. Ils sentent, dès les premières pages, que l'auteur s'est efforcé d'entrer dans leur sphère au lieu de les transporter dans la sienne, qu'ils ne trouveront pas sous sa conduite cette nouveauté, cet inconnu dont l'âme humaine a soif à tout âge. Ils veulent qu'on leur révèle l'univers, le mystique univers. L'auteur qui les replie sur eux-mêmes et les retient dans la contemplation de leur propre enfantillage, les ennuie cruellement.* »
>
> Anatole France, cité par Marie-Aude Murail[1]

Écrire pour la jeunesse, ce n'est pas simplifier son écriture, comme vous l'aurez compris. C'est savoir entrer dans un monde différent de celui de l'adulte. Certains auteurs connus, commandités par des éditeurs jeunesse, n'y sont jamais parvenus. Écrire un polar pour les enfants, par exemple, n'est pas gagné d'avance. Le jeune lecteur d'aujourd'hui est *limite* blasé, il faut le surprendre, ne pas se contenter de lui servir les grosses ficelles du genre : une série de hasards qui ne laisse pas le héros jouer son rôle, des personnages ténus, caricaturaux, gratuits, un coupable qui apparaît au dernier moment alors que rien

---

1. Marie-Aude Murail in *Auteur jeunesse, comment le suis-je devenue, pourquoi le suis-je restée ?* Éditions du Sorbier, 2003.

n'a été préparé… voire que l'on a déjà deviné depuis longtemps ! Le public jeunesse doit être surpris, sans cesse. Entraîné, conquis.

Pour le séduire, il faut le connaître. Et ce qui subsistera toujours, quelles que soient les époques, c'est sa curiosité, sa faculté de détourner le réel, sa sensibilité, ses questionnements existentiels à chaque étape de sa vie d'enfant. Si l'on a gardé en soi un peu de ce point de vue d'enfant, naturellement pertinent, voire impertinent, écrire pour la jeunesse n'en sera que plus aisé. Il semble ainsi que les grands succès d'hier et d'aujourd'hui condensent, en ce sens, toutes les interrogations et la psychologie des préadolescents et des adolescents dans leur développement.

Écrire pour la jeunesse, c'est retrouver cette posture d'enfance, écouter les histoires qui sourdent alors, de soi ou autour de soi, et les amener jusqu'à la page. Le propos n'a pas besoin d'être complexe, dramatique, au contraire même. Il s'agit avant tout d'écrire avec plaisir et sincérité. De même que l'on entend une voix sourire au téléphone, de même le lecteur entend quand l'auteur s'amuse avec lui. Il ne s'agit pas de faire beau, de faire jeune, mais d'écrire du plus profond de soi. Tous les professionnels de la littérature jeunesse vous le diront : si vous êtes vrais, les enfants le sentiront.

> *« Un jour, j'ai vu Nathalie Sarraute qui me dit : "Je n'ai qu'un conseil à vous donner : n'écoutez personne. Cela ne veut pas dire ne lisez pas. Je sais quelle moisson j'ai puisé dans les livres. Mes parents n'ont pas fait d'études, ma grand-mère a travaillé à neuf ans, et quand je me suis retrouvée au collège, au lycée, ce fut pour moi une richesse. Quand j'ai commencé à écrire, je n'ai écouté que moi, selon mon cœur, mon inspiration, il n'y a que soi sur la page blanche[1]. »*

Une fois l'histoire posée, il sera temps de travailler le style pour la rendre encore plus accessible et vivante. Et s'adonner toujours au bonheur d'écrire…

---

1. Propos rapportés par Janine Teisson, écrivain jeunesse, Web, « Outil d'évaluation en français, 1er degré », Ministère de la communauté française de Belgique, 2007.

# ANNEXES

# Manifeste de la Charte des auteurs et des illustrateurs pour la jeunesse

La Charte des auteurs et illustrateurs pour la jeunesse est **une association** qui nous permet de nous rencontrer, de nous connaître, de réfléchir et de créer en commun à travers forums, journal, site Internet, publications et expositions.

La Charte doit **faire entendre sa voix** afin que des décisions qui scelleront notre sort (prêt payant public, droits numériques, etc.) ne se prennent pas à notre insu.

La Charte veut aussi encourager une **réflexion sur la littérature** de jeunesse pour que la nécessaire rentabilité ne se fasse pas au détriment de notre créativité. Ce sont nos livres qui forment les lecteurs de demain.

La Charte fournit à ses adhérents toutes les **informations professionnelles** qui peuvent être utiles (impôts, couverture sociale, contrats, bourses, résidences d'auteur, concours, etc.).

Pour permettre à notre association de remplir pleinement son rôle, il est demandé à chaque adhérent :

- d'envoyer ses contrats d'édition à la Charte ;

- d'appliquer les tarifs d'intervention arrêtés chaque année en AG (qui sont, nous le rappelons, des tarifs minimums) ;
- de tenir la Charte informée de ses dernières publications.

C'est en rompant une solitude professionnelle qui nous fragilise que nous préserverons notre **liberté de créer** et notre **indépendance**.

La Charte demande à ses adhérents de respecter leurs **engagements** vis-à-vis des partenaires culturels, bibliothèques, écoles ou salons du livre.

La Charte soutient tous ceux qu'une censure injustifiée prend à parti et se réserve d'exclure de ses rangs tous ceux qui, par leurs propos publics ou leurs écrits, prôneraient l'intolérance ou le racisme.

## La Charte a aidé les auteurs jeunesse à prendre conscience de leur rôle

Elle a éclairé leur identité, elle les a fait réfléchir sur leur production et les a responsabilisés. Elle a réuni et uni des centaines d'auteurs et d'illustrateurs qui œuvraient individuellement jusque-là. Elle a tissé entre eux des liens affectifs et intellectuels puissants sans altérer leur personnalité... En haussant le niveau d'exigence des rencontres auteurs-lecteurs, la Charte a dopé le mouvement suscité par l'entrée des ouvrages jeunesse dans les milieux scolaires. Comme elle a, en répondant à l'appel des organisateurs de salon, sans doute multiplié les ventes des ouvrages. Les éditeurs, souvent spectateurs des auteurs intervenant dans les bibliothèques, les classes ou les salons, commencent à comprendre que les écrivains et illustrateurs qui se déplacent, dialoguent et, d'une certaine façon, militent pour l'accès attrayant à la lecture ont largement contribué à la diffusion, la promotion et la vente de leurs ouvrages. Bien sûr, ce travail opiniâtre est en fait le fruit d'une longue collaboration où chacun, depuis des années, a sa part...

Christian Grenier[1]

---

1. **Christian Grenier**, *Je suis un auteur Jeunesse*, Rageot, 2004.

## Présentation de la Charte

**La Charte est née en 1975 de la volonté d'auteurs souhaitant défendre une littérature jeunesse de qualité, ainsi que leurs droits et leurs spécificités d'écrivains et de créateurs.**

Le petit groupe d'origine, auquel se sont joints les illustrateurs, dépasse aujourd'hui les 850 membres, sans perdre son caractère convivial. Répartis dans toute la France et dans plusieurs pays francophones les Chartistes publient plus de 1 500 ouvrages par an et assurent 7 000 journées d'intervention en milieu scolaire, en bibliothèque, auprès des jeunes et des professionnels du livre.

Les critères d'adhésion à l'association sont rigoureux, mais la Charte n'entend pas se replier sur elle-même et intègre sans cesse de nouveaux membres.

### Réalisations et objectifs

Information interne de ses membres (juridique, institutionnelle, littéraire)

Publication d'un journal périodique interactif et d'un site Internet

Participations à des manifestations pour la jeunesse

Organisation de forums, débats et colloques

Ouverture à des membres associés

Rencontres avec les partenaires de la lecture pour la jeunesse

Défense du statut des auteurs, de leurs droits vis-à-vis des éditeurs, des organismes et institutions chargés du livre et de la lecture pour la jeunesse

Établissement annuel d'un tarif conseillé des interventions d'auteurs et d'illustrateurs comme animateurs de leurs œuvres.

### Relations avec les pouvoirs publics

La Charte a reçu l'agrément du ministère de la Jeunesse et des Sports et souhaite l'obtenir prochainement du ministère de l'Éducation.

## Manifeste de la Charte des auteurs et des illustrateurs

Depuis plusieurs années, notre association est subventionnée par le Centre national du livre et la Mairie de Paris. Plusieurs de ses activités artistiques (créations d'expositions) ont été aidées par la Direction régionale des affaires culturelles d'Île-de-France.

Aujourd'hui reconnue de tous les partenaires du livre, privés et institutionnels, la Charte entend obtenir un subventionnement et un rôle dans les prises de décisions pour la défense de la lecture de jeunesse et du statut des auteurs et des illustrateurs à la hauteur de ce qu'elle représente. Dans ce sens, le subventionnement d'un Emploi Tremplin lui a été accordé en 2007 par le Conseil régional d'Île-de-France.

# Déclaration internationale des droits de l'enfant

## Organisation des nations unies
## 20 novembre 1989

### Extraits de la première partie

En gras, ce qui peut concerner l'édition pour la jeunesse.

Article 1

Au sens de la présente convention, un enfant s'entend de **tout être humain âgé de moins de dix-huit ans, sauf si la majorité est atteinte plus tôt**, en vertu de la législation qui lui est applicable.

Article 2

1. Les États parties s'engagent à respecter les droits qui sont énoncés dans la présente Convention et à les garantir à tout enfant relevant de leur juridiction, sans distinction aucune, indépendamment de toute considération de race, de couleur, de sexe, de langue, de religion, d'opinion politique ou autre de l'enfant ou de ses parents ou représentants légaux, de leur origine nationale, ethnique ou sociale, de leur situation de fortune, de leur incapacité, de leur naissance ou de toute autre situation.

2. Les États parties prennent toutes les mesures appropriées pour que l'enfant soit effectivement protégé **contre toutes formes de discrimination ou de sanction motivées par la situation juridique, les activités, les opinions déclarées ou les convictions de ses parents, de ses représentants légaux ou des membres de sa famille**.

## Article 3

1. Dans toutes les décisions qui concernent les enfants, qu'elles soient le fait des institutions publiques ou privées de protection sociale, des tribunaux, des autorités administratives ou des organes législatifs, **l'intérêt supérieur de l'enfant doit être une considération primordiale.**

2. Les États parties s'engagent à assurer à l'enfant la protection et les soins nécessaires à son bien-être, compte tenu des droits et des devoirs de ses parents, de ses tuteurs ou des autres personnes légalement responsables de lui, et ils prennent à cette fin toutes les mesures législatives et administratives appropriées.

3. Les États parties veillent à ce que le fonctionnement des institutions, services et établissements qui ont la charge des enfants et assurent leur protection soit conforme aux normes fixées par les autorités compétentes, particulièrement dans le domaine de la sécurité et de la santé et en ce qui concerne le nombre et la compétence de leur personnel ainsi que l'existence d'un contrôle approprié.

## Article 4

Les États parties s'engagent à prendre toutes les mesures législatives, administratives et autres qui sont nécessaires pour mettre en œuvre les droits reconnus dans la présente Convention. Dans le cas des **droits** économiques, sociaux et **culturels**, ils prennent ces mesures dans toutes les limites des ressources dont ils disposent et, s'il y a lieu, dans le cadre de la coopération internationale.

## Article 6

1. Les États parties reconnaissent que tout enfant a un droit inhérent à la vie.

2. Les États parties assurent dans toute la mesure possible la survie et **le développement de l'enfant.**

## Article 13

1. L'enfant a droit à la **liberté d'expression**. Ce droit comprend **la liberté de rechercher, de recevoir et de répandre des informations et des idées de toute espèce, sans considération de frontières, sous une forme orale, écrite, imprimée ou artistique, ou par tout autre moyen du choix de l'enfant.**

2. L'exercice de ce droit ne peut faire l'objet que des seules restrictions qui sont prescrites par la loi et qui sont nécessaires :

a) Au respect des droits ou de la réputation d'autrui ; ou

b) À la sauvegarde de la sécurité nationale, de l'ordre public, de la santé ou de la moralité publiques.

**Article 14**

1. Les États parties respectent le droit de l'enfant à **la liberté de pensée, de conscience et de religion.**

2. Les États parties respectent le droit et le devoir des parents ou, le cas échéant, des représentants légaux de l'enfant, de guider celui-ci dans l'exercice du droit susmentionné d'une manière qui corresponde au développement de ses capacités.

3. La liberté de manifester sa religion ou ses convictions ne peut être soumise qu'aux seules restrictions qui sont prescrites par la loi et qui sont nécessaires pour préserver la sûreté publique, l'ordre public, la santé et la moralité publiques, ou les libertés et droits fondamentaux d'autrui.

**Article 17**

Les États parties reconnaissent **l'importance de la fonction remplie par les médias** et veillent à ce que l'enfant ait **accès à une information et à des matériels provenant de sources nationales et internationales diverses,** notamment ceux qui visent à promouvoir son bien-être social, spirituel et moral ainsi que sa santé physique et mentale. À cette fin, les États parties :

a) Encouragent les médias à diffuser une information et des matériels qui présentent une utilité sociale et culturelle pour l'enfant et répondent à l'esprit de l'article 29 ;

b) Encouragent la coopération internationale en vue de produire, d'échanger et de diffuser une information et des matériels de ce type provenant de différentes sources culturelles, nationales et internationales ;

c) **Encouragent la production et la diffusion de livres pour enfants ;**

d) Encouragent les médias à tenir particulièrement compte des besoins linguistiques des enfants autochtones ou appartenant à un groupe minoritaire ;

e) Favorisent l'élaboration de principes directeurs appropriés destinés à **protéger l'enfant contre l'information et les matériels qui nuisent à son bien-être**, compte tenu des dispositions des articles 13 et 18.

1. Tout enfant qui est temporairement ou définitivement privé de son milieu familial, ou qui dans son propre intérêt ne peut être laissé dans ce milieu, a droit à une protection et une aide spéciales de l'État.

2. Les États parties prévoient pour cet enfant une protection de remplacement conforme à leur législation nationale.

3. Cette protection de remplacement peut notamment avoir la forme du placement dans une famille, de la « Kafala » de droit islamique, de l'adoption ou, en cas de nécessité, du placement dans un établissement pour enfants approprié. Dans le choix entre ces solutions, il est dûment tenu compte de la nécessité d'une certaine continuité dans l'éducation de l'enfant, ainsi que de son origine ethnique, religieuse, culturelle et linguistique.

### Article 23

1. Les États parties reconnaissent que les enfants mentalement ou physiquement handicapés doivent mener une vie pleine et décente, dans des conditions qui garantissent leur dignité, favorisent leur autonomie et facilitent leur participation active à la vie de la collectivité.

2. Les États parties reconnaissent le droit des enfants handicapés de bénéficier de soins spéciaux et encouragent et assurent, dans la mesure des ressources disponibles, l'octroi, sur demande, aux enfants handicapés remplissant les conditions requises et à ceux qui en ont la charge, d'une aide adaptée à l'état de l'enfant et à la situation de ses parents ou de ceux à qui il est confié.

3. Eu égard aux besoins particuliers des enfants handicapés, l'aide fournie conformément au paragraphe 2 est gratuite chaque fois qu'il est possible, compte tenu des ressources financières de leurs parents ou de ceux à qui l'enfant est confié, et elle est conçue de telle sorte que **les enfants handicapés aient effectivement accès à l'éducation, à la formation, aux soins de santé, à la rééducation, à la préparation à l'emploi et aux activités récréatives, et bénéficient de ces services de façon propre à assurer une intégration sociale** aussi complète que possible et leur épanouissement personnel, **y compris dans le domaine culturel et spirituel**.

4. Dans un esprit de coopération internationale, les États parties favorisent l'échange d'informations pertinentes dans le domaine des soins de

santé préventifs et du traitement médical, psychologique et fonctionnel des enfants handicapés, y compris par la diffusion d'informations concernant les méthodes de rééducation et les services de formation professionnelle, ainsi que l'accès à ces données, en vue de permettre aux États parties d'améliorer leurs capacités et leurs compétences et d'élargir leur expérience dans ces domaines. À cet égard, il est tenu particulièrement compte des besoins des pays en développement.

**Article 24**

1. Les États parties reconnaissent le droit de l'enfant de jouir du meilleur état de santé possible et de bénéficier de services médicaux et de rééducation. Ils s'efforcent de garantir qu'aucun enfant ne soit privé du droit d'avoir accès à ces services.

2. Les États parties s'efforcent d'assurer la réalisation intégrale du droit susmentionné et, en particulier, prennent des mesures appropriées pour :

a) Réduire la mortalité parmi les nourrissons et les enfants ;

b) Assurer à tous les enfants l'assistance médicale et les soins de santé nécessaires, l'accent étant mis sur le développement des soins de santé primaires ;

c) Lutter contre la maladie et la malnutrition, y compris dans le cadre des soins de santé primaires, grâce notamment à l'utilisation de techniques aisément disponibles et à la fourniture d'aliments nutritifs et d'eau potable, compte tenu des dangers et des risques de pollution du milieu naturel ;

d) Assurer aux mères des soins prénatals et postnatals appropriés ;

e) Faire en sorte que tous les groupes de la société, en particulier les parents et les enfants, reçoivent **une information sur la santé et la nutrition de l'enfant, les avantages de l'allaitement au sein, l'hygiène et la salubrité de l'environnement et la prévention des accidents**, et bénéficient d'une aide leur permettant de mettre à profit cette information ;

f) Développer les soins de santé préventifs, les conseils aux parents et l'éducation et les services en matière de planification familiale.

3. Les États parties prennent toutes les mesures efficaces appropriées en vue d'abolir les pratiques traditionnelles préjudiciables à la santé des enfants.

4. Les États parties s'engagent à favoriser et à encourager la coopération internationale en vue d'assurer progressivement la pleine réalisation du droit reconnu dans le présent article. À cet égard, il est tenu particulièrement compte des besoins des pays en développement

### Article 28

1. Les États parties reconnaissent **le droit de l'enfant à l'éducation**, et en particulier, en vue d'assurer l'exercice de ce droit progressivement et sur la base de l'égalité des chances :

a) Ils rendent l'enseignement primaire obligatoire et gratuit pour tous ;

b) Ils encouragent l'organisation de différentes formes d'enseignement secondaire, tant général que professionnel, les rendent ouvertes et accessibles à tout enfant, et prennent des mesures appropriées telles que l'instauration de la gratuité de l'enseignement et l'offre d'une aide financière en cas de besoin ;

c) Ils assurent à tous l'accès à l'enseignement supérieur, en fonction des capacités de chacun, par tous les moyens appropriés ;

d) Ils rendent ouvertes et accessibles à tout enfant **l'information et l'orientation scolaires et professionnelles** ;

e) Ils prennent des mesures pour encourager la régularité de la fréquentation scolaire et la réduction des taux d'abandon scolaire.

2. Les États parties prennent toutes les mesures appropriées pour veiller à ce que la discipline scolaire soit appliquée d'une manière compatible avec la dignité de l'enfant en tant être humain et conformément à la présente Convention.

3. Les États parties favorisent et encouragent la coopération internationale dans le domaine de l'éducation, en vue notamment de contribuer à **éliminer l'ignorance et l'analphabétisme** dans le monde et de faciliter l'accès aux connaissances scientifiques et techniques et aux méthodes d'enseignement modernes. À cet égard, il est tenu particulièrement compte des besoins des pays en développement.

### Article 29

1. Les États parties conviennent que **l'éducation de l'enfant doit viser à** :

a) **Favoriser l'épanouissement de la personnalité de l'enfant et le développement de ses dons et de ses aptitudes mentales et physiques, dans toute la mesure de leurs potentialités** ;

b) Inculquer à l'enfant le respect des droits de l'homme et des libertés fondamentales, et des principes consacrés dans la Charte des Nations unies ;

c) Inculquer à l'enfant le respect de ses parents, de son identité, de sa langue et de ses valeurs culturelles, ainsi que le respect des valeurs nationales du pays dans lequel il vit, du pays duquel il peut être originaire et des civilisations différentes de la sienne ;

d) Préparer l'enfant à assumer les responsabilités de la vie dans une société libre, dans un esprit de compréhension, de paix, de tolérance, d'égalité entre les sexes et d'amitié entre tous les peuples et groupes ethniques, nationaux et religieux, et avec les personnes d'origine autochtone ;

e) Inculquer à l'enfant le respect du milieu naturel.

2. Aucune disposition du présent article ou de l'article 28 ne sera interprétée d'une manière qui porte atteinte à la liberté des personnes physiques ou morales de créer et de diriger des établissements d'enseignement, à condition que les principes énoncés au paragraphe 1 du présent article soient respectés et que l'éducation dispensée dans ces établissements soit conforme aux normes minimales que l'État aura prescrites.

## Article 30

Dans les États où il existe des minorités ethniques, religieuses ou linguistiques ou des personnes d'origine autochtone, un enfant autochtone ou appartenant à une de ces minorités ne peut être privé du droit **d'avoir sa propre vie culturelle,** de professer et de pratiquer sa propre religion ou d'employer sa propre langue en commun avec les autres membres de son groupe.

## Article 31

1. Les États parties reconnaissent à l'enfant **le droit au repos et aux loisirs**, de se livrer au jeu et à des activités récréatives propres à son âge, et de **participer librement à la vie culturelle et artistique.**

2. Les États parties respectent et favorisent le droit de l'enfant de participer pleinement à la vie culturelle et artistique, et encouragent **l'organisation à son intention de moyens appropriés de loisirs et d'activités récréatives, artistiques et culturelles,** dans des conditions d'égalité.

# Bibliographie des principaux ouvrages consultés

## Essais

CAMPBELL Joseph, *Le héros aux mille et un visages*, Robert Laffont, 1992.

CARD Orson Scott, *Comment écrire de la fantasy et de la science-fiction*, Éditions Bragelonne, 2006.

CLEAVER Pamela, *Writing a Children's Book*, Writer's Bulletin, 2004-2008.

DE CERISY Colloque, *Littératures de jeunesse, incertaines frontières*, Gallimard Jeunesse, 2005.

DELBRASSINE Daniel, *Le roman pour adolescents aujourd'hui : écriture, thématique et réception*, éditions SCEREN, CRDP Créteil, 2006.

DILS Tracey E., *J'écris pour la jeunesse*, éditions Écrire aujourd'hui, 1999.

GRENIER Christian, *Je suis un auteur jeunesse*, Rageot, 2004.

MURAIL Marie-Aude, *Continue la lecture, on n'aime pas la récré...*, Calmann-Lévy, 1993.

MURAIL Marie-Aude, in *Auteur jeunesse, comment le suis-je devenue, pourquoi le suis-je restée ?* Éditions du Sorbier, 2003.

OTTEVAERE VAN PRAAG Ganna, *Le roman pour la jeunesse*, éditions Peter Lang, 2000 (1$^{re}$ édition 1996).

PROPP Vladimir, *La morphologie du conte*, Le Seuil, coll. « Points Essais », 1970.

SMADJA Isabelle, *Harry Potter, les raisons d'un succès*, PUF, coll. « Sociologie d'aujourd'hui », 2001.

VOGLER Christopher, *Le guide du scénariste. La force d'inspiration des mythes pour l'écriture cinématographique et romanesque*, Dixit, 1998.

## Fictions jeunesse[1]

BEN KEMOUN Hubert, *Le Visiteur du soir*, Nathan Poche, 2005.

BONDOUX Anne-Laure, *Le Destin de Linus Hoppe*, Bayard Jeunesse, 2001.

BONDOUX Anne-Laure, *Pépites,* Bayard Jeunesse, 2005.

BOTTERO Pierre, *La Quête d'Ewilan,* t. 1, *D'un monde à l'autre*, Rageot poche, 2003-2006.

BOTTERO Pierre, *Le Garçon qui voulait courir vite*, Castor Poche Flammarion, 2002.

BOURNAY Delphine, *Le Correspondant de Grignotin et Mentalo*, L'École des loisirs, coll. « Mouche », 2008.

BRASHARES Ann, *Quatre filles et un jean*, Gallimard Jeunesse, 2002.

COLEMAN Michael, *Barjo*, Éditions du Rouergue, 2008.

CORMIER Robert, *De la tendresse*, L'École des loisirs, coll. « Médium », 1999.

DAHL Roald, *Danny le champion du monde*, Stock, 1978.

DAHL Roald, *James et la grosse pêche*, Gallimard, coll. « Folio Junior Théâtre », 2003.

DAHL Roald, *La Potion magique de Georges Bouillon*, Gallimard, coll. « Folio Junior », 2007.

DESARTHE Agnès, *Tout ce qu'on ne dit pas,* L'École des loisirs, 1995.

DESPLAT-DUC Anne-Marie, *Les Colombes du Roi soleil*, Flammarion, 2007.

DESPLECHIN Marie, *Toujours fâchée*, L'École des loisirs, coll. « Médium », 2007.

---

1. Liste non exhaustive !

FERDJOUKH Malika, *Sombres Citrouilles*, Gallimard Jeunesse, coll. « Médium », 1999.

FERET-FLEURY Christine, *SOS Titanic. Journal de Julia Facchini 1912*, Gallimard coll. « Mon Histoire », 2005.

FINN Anne, *Mon amitié avec Tulipe*, L'École des loisirs, coll. « Médium », 1998.

FLEURIOT Zénaïde, *Tranquille et Tourbillon*, Paris, Librairie Hachette, 1880.

FLEURIOT Zénaïde, *La Petite Duchesse*, ouvrage illustré de 73 gravures dessinées sur bois par A. Marie, 3$^e$ édition, Paris, Librairie Hachette et Cie, 1880.

DE FOMBELLE Timothée, *Tobie Lolness*, Gallimard Jeunesse, 2007.

FREER Echo, *Cherry, ses amis, ses amours, ses embrouilles*, Bayard Jeunesse, 2003.

FRESNEAU A., née de Ségur, *Thérèse à Saint-Domingue*, ouvrage illustré de 44 vignettes par Tofani Paris, Librairie Hachette et Cie, 1888.

GRENIER Christian, *Un amour d'éternité*, Hachette Jeunesse, coll. « Histoires de cœur », 2003.

GRIPARI Pierre, *La Sorcière de la rue Mouffetard et autres contes de la rue Brocca*, Gallimard, coll. « Folio Junior », 1997.

HONORÉ Christophe, *Mon cœur bouleversé*, L'École des loisirs, coll. « Médium », 1999.

HOROWITZ Anthony, *Satanée Grand-Mère*, Le Livre de Poche Jeunesse, 2007.

IBBOTSON Eva, *Reine du fleuve*, Albin Michel Jeunesse, 2004.

JACKSON Minou, *Chat de père en fils*, Casterman Junior, 2008.

DE KERMANT A., « C'est vieux ! », in *La poupée modèle, journal des petites filles*, Paris, Alcan-Levy, juillet 1887.

L'HOMME Érik, *Le Livre des étoiles,* (trilogie), Gallimard Jeunesse, coll. « Folio Junior », 2007.

LOCKHART Emily, *La Fabuleuse Histoire de la mouche dans le vestiaire des garçons*, Casterman, 2006.

Lou Virginie, *Les Saisons dangereuses*, Syros, coll. « Souris rose », 1990.

Lowry Lois, *Le Passeur*, L'École des loisirs, coll. « Médium », 1993.

Luciani Jean-Luc, *Un rap pour Samira*, Rageot, 2002.

Manceau Édouard, *Pof l'éléphant*, éditions Frimousse, 2001.

Morpugo Michael, *Le Royaume de Kensuké*, Gallimard Jeunesse, coll. « Folio Junior », 2007.

Mourlevat Jean-Claude, *L'Enfant océan*, Pocket Jeunesse, 1999.

Mourlevat Jean-Claude, *La Ballade de Cornebique*, Gallimard Jeunesse, coll. « Hors-piste », 2003.

Ocelot Michel, *Kirikou et la sorcière*, Milan Jeunesse, 2002.

Perez Serge, *La pluie comme elle tombe*, L'École des loisirs, coll « Médium », 1998.

Pietri Annie, *Les Orangers de Versailles*, Bayard, 2000.

Place François, *Les Derniers Géants*, Casterman, 1992.

Ponti Claude, *Schmélele et l'Eugénie des larmes*, L'École des loisirs, 2002.

Ponti Claude, *Sur l'île des Zertes*, L'École des loisirs, 1999.

Pullman Philippe, *À la croisée des mondes* (trilogie), Gallimard Jeunesse, 2001.

Raynal Patrick, *Le Médaillon*, Gallimard Jeunesse, 2003.

Rowling J.K., *Harry Potter* (série), Gallimard, 2000.

Sachar Louis, *Le Garçon qui avait perdu la face*, L'École des loisirs, 2003.

Sanvoisin Éric, Matje Martin, *Le Buveur d'encre*, série *Draculivre*, Nathan Poche, 1996-2005.

Stine Robert Lawrence, *Comment tuer un monstre*, Bayard Poche, coll. « Chair de poule », 1997.

Tolkien John Ronald Reuel, *Bilbo le Hobbit*, Christian Bourgois, 2002.

Tournier Michel, *Vendredi ou les limbes du pacifique* Gallimard, 1967.

Tournier Michel, *Vendredi ou la vie sauvage*, Flammarion, 1971.

Twain Marc, *Les Aventures de Tom Sawyer*, 1876.

## Documentaires

Brenifier Oscar, Durand Delphine, *Dis, maman, pourquoi j'existe ?* Nathan, coll. *Les petits philozenfants*, 2008.

Collectif, *Le Livre de l'espace. À lire dans le noir*, Casterman, 2002.

Labbé Brigitte, Puech Michel, *Le bonheur ou le malheur*, Milan, coll. « Goûters Philo », 2006.

Mira Pons Michèle, *Le Ciel à petits pas*, Actes Sud Junior, 2001.

Neraud Jules, *Botanique de ma fille*, Revue et complétée par Jean Macé, Bibliothèque d'éducation et de récréation, autour de 1880, J. Hetzel éditeur.

Pinguilly Yves (texte), Girard Nathalie, *Rendez-vous au Chemin des Dames, avril 1917*, Oskar Jeunesse, coll. « Cadet Histoire et Société », 2007.

Rousselet Michel, *Le ciel et les étoiles, premiers itinéraires en astronomie*, Pole, coll. « Tangente », 2005.

Saturno Carole, *Enfants d'ici, parents d'ailleurs, histoire et mémoire de l'exode rural et de l'immigration*, Gallimard Jeunesse, coll. « Par quatre chemins », 2005.

Werth Maïa, *Sacha, Andreï et Turar vivent en Russie*, Les Éditions de La Martinière Jeunesse, coll. « Enfants d'ailleurs », 2006.

## Web

Albisser Charlotte, *La Fantasy française en littérature jeunesse*, juin 2007, par Master S.I.D.

Chauvy Martine, conservatrice, interview pour le CRDP de Lyon, 15 mars 2006, « savoirs CDI ».

Site de Christian Grenier, auteur (tout un univers et de nombreuses interviews d'auteurs jeunesse).

Site Ricochet, l'incontournable de la littérature jeunesse. Vous y trouverez notamment les références de l'éditeur qui correspond le mieux à votre projet.

# Index des auteurs cités

**A**

Albrecht, Manon 139
Aubert, Brigitte 109

**B**

Beecher-Stowe, Harriet 14
Bettelheim, Bruno 72
Blyton, Enid 14
Bondoux, Anne-Laure 106
Bottero, Pierre 46, 98
Bournay, Delphine 27
Brashares, Ann 34, 35
Brenifier, Oscar 59
Burko-Falcman, Berthe 138

**C**

Campbell, Joseph 75, 79, 87
Chatrian, Erckmann 13
Chouvy, Martine 28
Cleaver, Pamela 31, 68
Coleman, Michael 129
Colmont, Marie 2
Cormier, Robert 38
Cossem, Michel 134

**D**

Dahl, Roald 49, 123, 124
Daudet, Alphonse 13
Defoe, Daniel 14, 135
Delbrassine, Daniel 38, 135, 137
Desarthe, Agnès 142
Descartes, Margaret 39
Desplat-Duc, Anne-Marie 115
Desplechin, Marie 66, 130
Dickens, Charles 13
Downing Hahn, Marie 39
Dumas, Alexandre 14, 37, 109
Durand, Delphine 59

**E**

Eliade, Mircea 90

**F**

Farley, Walter 36
Fénelon 13
Fenimore Cooper, James 14
Ferdjoukh, Malika 119
Feret-Fleury, Christine 125
Finn, Anne 97, 98, 99

Fleuriot, Zénaïde (Mlle) 109, 186
Fleutiaux, Pierrette 94, 144
Fombelle, Timothée de 125
Fournier, Alain 15
France, Anatole 187
Franck, Anne 15
Freer, Echo 140
Fresneau, Madame A. 181
Freud, Sigmund 46

G

Galea, Claudine 143
Gavalda, Anna 33
Genette, Gérard 117
Gerda 2
Girard, Nathalie 61
Golding, William 15, 94
Grenier, Christian 146, 191
Grimm 13
Gripari, Pierre 12, 122

H

Higgins Clark, Mary 33
Horowitz, Anthony 49, 68

I

Ibbotson, Eva 141

J

Jackson, Minou 149
Joffo, Joseph 15, 117
Jung, Carl Gustav 79

K

Kemoun, Hubert Ben 150
Kermant, A. de 173
Kessel, Joseph 15

King, Stephan 33

L

L'Homme, Érik 46
La Fontaine 13
Labbé, Brigitte 58
Laclavetine, Jean-Marie 114
Laird, Elisabeth 39
Lawrence Stine, Robert 148
Levy, Marc 33
Lewis, Clive-Staples 48
Lockhart, Emily 142
Lou, Virginie 124
Luciani, Jean-Luc 123

M

Malot, Hector 14, 37
Manceau, Édouard 1, 20, 22, 23, 24, 31
Melville, Herman 13, 14
Mickey 8
Milan 8, 15
Mira Pons, Michèle 169
Molière 86
Morpugo, Michael 32, 106, 138
Mourlevat, Jean-Claude 34, 110, 112
Murail, Marie-Aude 11, 12, 133, 187

N

Neraud, Jules 168
Noirez, Jérôme 18

O

Ocelot, Michel 81
Oppel, Jean-Hugues 34

## Index des auteurs cités

Ottevaere van Praag, Ganna 112, 113

### P

Page, Marie 65
Perez, Serge 130
Perrault, Charles 13, 116
Pietri, Annie 36
Pinguilly, Yves 61
Place, François 122
Ponti, Claude 24, 144, 149
Potter, Harry 8, 10
Propp, Vladimir 74, 75, 79, 81, 83, 87
Puech, Michel 58
Pullman, Philippe 48

### Q

Quine, Caroline 14

### R

Raynal, Patrick 125
Reuel Tolkien, John Ronald 45, 46, 124
Rousselet, Michel 169

### S

Sachar, Louis 100
Saint-Exupéry, Antoine de 15
Sand, George 13
Sanvoisin, Éric 29, 150
Saturno, Carole 62
Schmitt, Éric Emmanuel 33
Ségur, comtesse de 13
Siwertz, Sigfrid 107
Stendhal 12
Stevenson, Robert Louis 14, 37

### T

Tolkien 47
Tournier, Michel 12, 14, 135, 136
Twain, Marc 14, 123

### U

Uhlman, Fred 15
Ungerer, Tomi 24

### V

Verne, Jules 13, 37, 47
Vogler, Christopher 80, 87

### W

Wells, Herbert George 47
Werth, Maïa 60

### Z

Zarader, Jean-Pierre 137
Zarcate, Catherine 138
Zep 21, 149

# Index des œuvres et personnages cités

**A**

*À la croisée des mondes* 10, 33, 37, 48, 53
*Accroche-toi Sam* 39
*Albums du père Castor* 14
*Alice au pays des merveilles* 34, 45
*Alice détective* 14
*Alien* 52

**B**

Babar 24, 52
Barbapapa 24
*Barjo* 129
*Bécassine* 14
*Bilbo le Hobbit* 124
*Blanche Neige* 80
*Botanique de ma fille* 168

**C**

*C'est vieux ! La poupée modèle, journal des petites filles* 173
*Celui qui aimait les bébés* 39
Cerbère 84

*Chair de poule* 48
*Chanson de Roland* 46
*Charlie et la chocolaterie* 10
*Chat de père en fils* 149
*Cherry, ses amis, ses amours, ses embrouilles* 140
*Clan des sept* 14
*Comment tuer un monstre* 148
*Contes* de Perrault 46
*Continue la lecture, on n'aime pas la récré...* 133
Cornebique 96
*Correspondant de Grignotin et Mentalo* 26

**D**

*Danny le champion du monde* 124
*De la tendresse* 38
*Dis, maman, pourquoi j'existe* 59
*Don Juan* 97
*Don Quichotte* 86
*Dr Jekyll et Mr Hide* 97

**E**

Enfants d'ici, parents d'ailleurs 62

**F**

Fables 13
Fantômette 14
Faust 97
Fifi brin d'acier 96
Flamme 36

**G**

Guide du zizi sexuel 57

**H**

Harry Potter 46, 48, 81
Harry Potter 44, 96
Hermès 83

**I**

Indiana Jones 80
Ipon 34
Ivanhoé 14

**J**

James et la grosse pêche 101

**K**

Kirikou et la sorcière 80, 87
Kirikou 94

**L**

L'Ami retrouvé 15
L'arbre sans fin 144
L'Enfant caché 138
L'Enfant océan 34, 112
L'Île au trésor 14, 37
L'île des Zertes 144
L'Odyssée 45, 85
La Ballade de Cornebique 110
La Belle et la Bête 86
La Case de l'Oncle Tom 14
La chèvre de Monsieur Seguin 69
La Fabuleuse Histoire de la mouche 142
La Petite Chèvre de Monsieur Seguin 12
La Petite Duchesse 181, 186
La Petite Fadette 13
La photo 119
La pluie comme elle tombe 130
La Potion magique de Georges Bouillon 123
La poupée modèle 171
La Quête d'Ewilan 46
La Sorcière de la rue Mouffetard 122
Lancelot 97
Le bonheur ou le malheur 58
Le buveur d'encre 29
Le Ciel à petits pas 169
Le ciel et les étoiles, premiers itinéraires en astronomie 169
Le Club des cinq 14
Le Correspondant de Grignotin et Mentalo 27
Le Destin de Linus Hoppe 106
Le Garçon qui avait perdu la face 100
Le Garçon qui voulait courir vite 98
Le Grand Meaulnes 14
Le Journal 15
Le Lion 15
Le Livre de l'espace. À lire dans le noir 169

## Index des œuvres et personnages cités

*Le Livre des étoiles* 46
*Le Médaillon* 125
*Le Passeur* 102
*Le Petit Chaperon rouge* 116
*Le petit Nicolas* 149
*Le Petit Prince* 15
*Le Prince des apparences* 138
*Le roman pour adolescents aujourd'hui* 135
*Le Rouge et le Noir* 12, 81
*Le Royaume de Kensuké* 32, 106
*Le Seigneur des anneaux* 10, 46, 47
*Le Soldat Peacefull* 138
*Le Visiteur du soir* 150
*Les Aventures d'Huckleberry Finn* 14
*Les Aventures de Tom Sawyer* 123
*Les Colombes du Roi soleil* 115
*Les Coups durs* 39
*Les Derniers Géants* 122
*Les Goûters Philo* 56
*Les Mille et Une Nuits* 13
*Les Mondes de Narnia* 48
*Les orangers de Versailles* 36
*Les pirates du lac Mélar* 107
*Les Saisons dangereuses* 124
*Les Trois Mousquetaires* 14, 109

### M

*Malheurs de Sophie* 13
Max et Lili 96
Ménélas 85
Mentor 83
Mercure 83
*Moby Dick* 14
*Mon amitié avec Tulipe* 97, 98, 99
*My desper (for one evil)* 139

### N

*Narnia* 10

### O

Océan 85
*Okilélé* 144
*Oliver Twist* 10, 13
*Oxygène* 56

### P

*Parci parla* 144
Peau d'Âne 58
*Perlette* 2
Persée 97
*Petit Ours brun* 20
Petit Ours brun 52, 96
Petit Poucet 58
*Philozenfants* 56
*Pof l'éléphant* 24
*Poisson d'or* 53
Protée 85

### Q

*Quatre filles et un jean* 34, 35, 110

### R

*Ranko Tango* 109
*Reine du fleuve* 141
*Rendez-vous au Chemin des Dames, Avril 1917* 61
*Résistance* 39
*Robinson Crusoé* 14, 135
Robinson Crusoé 97

### S

*Sa Majesté des mouches* 15, 67, 94
*Sacha, Andreï et Turar vivent en Russie* 60

Sancho Pança 86
*Sans famille* 14, 37
*Satanée Grand-mère* 49, 68
*Shrek* 86
*Sombres Citrouilles* 119
*SOS Titanic. Journal de Julia Facchini 1912* 125
Sphinx 84

T

*Télémaque* 13
Télémaque 83
*Thérèse à Saint-Domingue* 175, 181
Thétys 85
*Tintin* 14
Tirésias 84
Tison 24
Titeuf 10, 149

*Tobie Lolness* 125
Tom Sawyer 96
*Toujours fâchée* 130
*Tout ce qu'on ne dit pas* 142
*Train de vie* 114
*Tranquille et Tourbillon* 109

U

Ulysse 83, 97
*Un amour d'enfance* 2
*Un amour d'éternité* 146
*Un rap pour Samira* 123
*Un sac de billes* 15, 117

V

*Vendredi ou la vie sauvage* 135, 137
*Vendredi ou les limbes du Pacifique* 14, 135, 137

www.ingramcontent.com/pod-product-compliance
Lightning Source LLC
Chambersburg PA
CBHW062026220426
43662CB00010B/1491